EVA-MARIA BAST | MIKE DURLACHER | GEORG RUPPELT | VALEA SCHWEIGER

Salzgitter
Geheimnisse

**50 SPANNENDE GESCHICHTEN AUS DER
FAMILIENFREUNDLICHEN STAHLSTADT**

SALZGITTER
ZEITUNG

Bast, Eva-Maria; Durlacher, Mike; Ruppelt, Georg; Schweiger, Valea
Salzgitter Geheimnisse – 50 spannende Geschichten
aus der familienfreundlichen Stahlstadt

Salzgitter Zeitung in Kooperation mit:
Bast Medien GmbH, Münsterstr. 35, 88662 Überlingen
(verantwortlich)
1. Auflage 2017
ISBN: 978-3-946581-29-1

Copyright: Bast Medien GmbH
Ressortleitung: Heike Thissen
Lektorat: Lena Bast
Covergestaltung: Jarina Binnig, Cornelia Müller, Carina Regauer
Layout: Homebase – Kommunikation & Design, Jarina Binnig
Grafik: Maps4News & HERE (Karte)
Satz: Carina Regauer
Druck: werk zwei Print+Medien Konstanz GmbH

Ein Titel aus der preisgekrönten Reihe „Geheimnisse der Heimat"

Inhalt

Vorwort

Stadtgeburtstag. Andere würden ihn zum Anlass für Pomp und Glamour nehmen, würden Stars aus Politik, Wirtschaft und Kultur aufbieten, um den Lobgesang ihrer Kommune anzustimmen, mit dem Symphonieorchester zum krönenden Schluss. Salzgitter feierte seinen 75. Geburtstag in der Scheune. In der Kulturscheune immerhin. Statt staatstragender Reden hörte man sehr persönliche Erinnerungen. Ein kleiner Kreis von Ratsmitgliedern, Ehrenbürgern und Freunden der Stadt zog Bilanz, wie sich Salzgitter geschlagen hat nach der Sturzgeburt als Teil des Industrialisierungsprogramms der Nationalsozialisten und nachdem die Stahlarbeiter todesmutig die Demontage der Hütte durch die Alliierten verhindert hatten – sie hätte das Siechtum der blutjungen Stadt und mutmaßlich ihr frühes Ende bedeutet. Ja, Salzgitter hat sich tapfer geschlagen, ist Großstadt geworden, Sitz eines der innovativsten Metallkonzerne der Welt und Standort von vier weiteren bedeutenden Industrieunternehmen.

Leicht hatte es Salzgitter nie. Am Abend in der Kulturscheune war viel von Solidarität und Gemeinschaftsgeist die Rede. Beides braucht Salzgitter seit 75 Jahren Tag für Tag: Die Stahlstadt im Harzvorland ist kampferprobt, nicht zuletzt der krisenanfälligen Industriebranche wegen, die die Stadt bis heute prägt und derentwegen die Aufstellung eines städtischen Haushaltsplans alle Jahre wieder an die Quadratur des Kreises denken lässt. In der Nachbarschaft, in der Autostadt Wolfsburg, der Wissenschaftsstadt Braunschweig oder der Kulturstadt Wolfenbüttel, leben Kommunalpolitiker ungleich komfortabler.

Vielleicht gerade deshalb ist Salzgitter eine der spannendsten deutschen Städte – viel jünger als die meisten, viel weniger wohlhabend, dadurch aber auch nicht satt. Hier geht es nur mit vereinten Kräften voran. Was diese Stadt bieten kann, haben ihre Menschen hart erarbeitet.

Salzgitter hat viele Gesichter. Aus dem von Beton und Plattenbau gepägten Lebenstedt und dem idyllischen Salder, dem tief bürgerlichen Salzgitter-Bad oder dem Häuslebauer-Hauptquartier Thiede ist eine Kommune zusammengewachsen, die Identität in Vielfalt entwickeln musste. Das Prinzip scheint Subsidiarität zu sein – einer aus Salder wird immer den Namen seines Ortsteils vor dem der Großstadt nennen. Keine andere Großstadt in Niedersachsen kennt eine vergleichbare Balance der An- und Abstoßungskräfte.

Salzgitter ist Arbeiterstadt, Schmelztiegel, soziales Experiment, ein Beispiel für gelingenden Umbau einer Krisenindustrie – und lebenswerte Heimat für immer mehr junge Familien, die dem Ruf der kinderfreundlichen Kommune folgen.

Entdecken Sie mit diesem Buch das junge Salzgitter, in würdigem Glanz und harten Kontrasten. Es lohnt sich.

Herzlichst, Ihr

Armin Maus
Chefredakteur Salzgitter Zeitung

Die Autoren

Eva-Maria Bast ist die Erfinderin der Buchreihe „Geheimnisse der Heimat", die 2011 startete und die 2017 in 42 Bänden vorliegt. Sie wurde für ihre Arbeit mehrfach ausgezeichnet, schreibt neben Sachbüchern auch Romane, ist Gastdozentin an der Hochschule der Medien Stuttgart und Chefredakteurin des Magazins „Women's History".

Mike Durlacher, Jahrgang 1989, ist in Rielasingen-Worblingen aufgewachsen und hat in Konstanz British and American Studies und Geschichte studiert. Er volontiert seit 2016 bei „Bast Medien" und schreibt für diverse Tageszeitungen. Ebenso arbeitet er am Magazin „Women's History" mit, unter anderem auch als Autor.

Dr. Georg Ruppelt, 1947 in Salzgitter geboren, studierte Geschichte u. Literaturwissenschaft (Promotion über Schiller in NS-Deutschland). Er wirkte in Führungspositionen an der Staats- u. Universitätsbibliothek Hamburg, als Leitender Direktor an der Herzog August Bibliothek Wolfenbüttel und der Gottfried Wilhelm Leibniz Bibliothek Hannover.

Valea Schweiger ist in Salzgitter und Braunschweig aufgewachsen, hat in England studiert und bei der Hildesheimer Allgemeinen Zeitung volontiert. Heute arbeitet sie für verschiedene Zeitungen, macht Pressearbeit und PR. Die 38-Jährige ist verheiratet, schreibt bevorzugt Porträts, hat gern ein paar Berge am Horizont und ihre beiden Jungs im Arm.

Runen

Mächtig Spaß mit einem Stein

S alzgitters pensionierter Tiefbauamtsleiter Klaus Gossow hat es, das darf man so offen bekennen, faustdick hinter den Ohren! Gern erlaubt er sich das eine oder andere Späßchen und freut sich diebisch darüber, wenn er andere Menschen verblüffen kann. Eines dieser „Späßchen" ist ziemlich groß und ziemlich schwer – und es liegt mitten im Wald! Genauer gesagt: gegenüber dem Parkplatz an der Kreisstraße 1 zwischen Lichtenberg und Oelber.

„Da hat mich der Teufel geritten", sagt er, geht den schmalen Weg entlang und bleibt vor einem großen Findling stehen. „Sehen Sie die merkwürdigen Zeichen, die hier eingeritzt sind? Das ist doch komisch, oder?", freut er sich. Wo Klaus Gossow recht hat, hat er recht. Stein und Runen muten wirklich ziemlich merkwürdig an. „Jeder, der auf den Findling aufmerksam wird, denkt, es handle sich um einen Stein, der in der Eiszeit durch die Gletscherbewegungen hierhergebracht wurde. Aber selbst wenn er das vermutet, wird er sich über die Runen wundern, die in den Stein eingeritzt sind."

Keiner könnte besser über die Bedeutung dieser Runen aufklären als Klaus Gossow – denn in seiner Zeit als Leiter des Tiefbauamts er hat sie selbst einritzen und den Stein hier herbringen lassen. „Wenn der Wanderer in der Natur unterwegs ist, bringt ihn jedes Zeichen, das die Natur oder der Mensch gesetzt hat, dazu, innezuhalten und sich das einmal genauer anzusehen", sagt er. „Wenn man nicht weiß, was man da entdeckt, dann geht man vielleicht nach Hause und sucht im Internet danach oder in der Bibliothek. So etwas bringt einen einfach zum Innehalten und zum Hinterfragen."

> *„Er erklärte mir, das sei das gotische Runenalphabet. Und er könne nicht verstehen, was das hier zu suchen hat."*

Sein Plan ging auf: „Ich bin mit meiner Frau und dem Hund hier spazieren gegangen. Und plötzlich kam uns ein Radfahrer entgegen.

Zu diesen Runen hat Klaus Gossow eine ganz besondere Beziehung!

11

Rätselhaft: ein Stein mit Runen mitten im Wald!

Wir erkannten schon von Weitem, dass das ein Freund von uns war." Der Freund sei vor dem Findling vom Rad gestiegen und habe unter seinem Anorak einen Brockhaus hervorgeholt. „Ich habe ihn dann gefragt, was er hier macht, und er hat fast empört auf seinen Brockhaus gezeigt, der bei R aufgeschlagen war. Er erklärte mir, das sei das gotische Runenalphabet. Und er könne nicht verstehen, was das hier zu suchen hat." Klaus Gossow grinste sich eins und stellte sich seinem Freund schließlich als Urheber des Geheimnisses vor. Noch heute muss er lachen, wenn er an dessen verblüffte Reaktion denkt.

Und wenn er einen Wanderer entdeckt, der rätselnd vor dem Stein stehen bleibt, dann freut Klaus Gossow sich ganz außerordentlich.

Eva-Maria Bast

So geht's zu den Runen:

Der Findling mit den Runen steht am Wanderweg gegenüber dem Parkplatz an der Kreisstraße 1 zwischen Lichtenberg und Oelber am weißen Wege.

Genau wie Ortsheimatpfleger Hans-Georg Knöß saßen früher die Menschen auf den Bänken und warteten auf die Postkutsche.

Sandsteinbänke

Eine Spinnerei für alle Menschen

Wer heute über den Marktplatz in Salzgitter-Bad schlendert, bei der Eisdiele anhält und es sich mit Schokoladen-, Pistazien- und Schlumpfeis auf der Bank vor dem Café gemütlich macht, der ahnt ja gar nicht, worauf er da sitzt. Auf einem echten Stück Salzgitteraner Geschichte nämlich! Und auf wirklich altem Sandstein. „Die steinernen Bänke", so erzählt es Ortsheimatpfleger Hans-Georg Knöß, „standen dort gewiss schon im frühen 19. Jahrhundert." Und sie haben auf besondere Art und Weise Anteil daran, dass in Salzgitter-Bad einst gesponnen wurde – mit Garn, versteht sich.

Dass es einmal eine erfolgreiche Spinnerei in der Salzstadt gab, ist kein Geheimnis. Aber was die Bänke damit zu tun haben, das wissen die wenigsten. Und eines ist gewiss: Ums Eisessen handelt es sich dabei nicht. Vielmehr fuhr früher, Mitte des 19. Jahrhunderts, die Postkutsche durch die enge Straße vor den Bänken. Und die transportierte nicht nur Briefe und Pakete, sondern eben auch Menschen. Eine Eisenbahn gab es bis zum Jahr 1856 in Salzgitter-Bad nämlich noch nicht. Wer in der Kutsche mitfahren wollte, nahm auf den Bänken Platz und wartete. Weil aber Menschen, die es sich leisten konnten, mit der Kutsche zu fahren, Geld besitzen mussten, schlichen auch immer reichlich Bettler um die Bänke herum. Und genau das blieb einem gewissen Theodor Christian Möker (1829-1896) nicht verborgen. Der Geschäftsmann lebte im Haus schräg hinter den Bänken und beobachtete das stete Treiben auf der Straße. Möker war ein leidenschaftlicher Liebhaber seiner Heimatstadt und sehr darauf bedacht, ihren guten Ruf zu wahren. Aber Bettler am Poststand? Das ging doch nicht! „Das war ihm peinlich", berichtet Knöß. Möker selbst hat seine Gedanken dazu der Nachwelt in einem Brief hinterlassen. Das Original liegt im Turmknopf der St.-Mariae-Jakobi-Kirche am Kirchplatz und wurde dort im Jahr 1879 verstaut. Er schrieb: „(...) ebenso unangenehm berührte es mich, die Post von Bettlern umlagert und die Reisenden um Gaben gedrängt zu sehen, ich habe derzeit oft nachgedacht wie diesem Übel abzuhelfen sei, da der Ruf Salzgitters sehr dadurch litt (...)."

Kurzum: Möker ging in sich. Zu diesem Zeitpunkt war der Salzgitteraner bereits gut im Geschäft. Er betrieb einen Handel mit Hanf. Der Rohstoff wurde nach England verschifft und kam als Garn wieder zurück. „Dort gab es nämlich genügend Webereien", erklärt Knöß. Im Gegensatz zu Salzgitter-Bad. Und genau deswegen hatte Theodor Christian Möker auch die zündende Idee: „(...) so kam ich auf den

> *„Die steinernen Bänke standen dort gewiss schon im frühen 19. Jahrhundert."*

Gedanken (...) diese Hede selbst zu verspinnen und dadurch den Leuten eine lohnende Arbeit zu verschaffen, aber auch selbst Nutzen daraus zu ziehen", notierte er in seinem Brief.

Im Jahr 1858 wurde unter der Firma Gercke & Co. die Mechanische Hedegarnspinnerei gegründet. Im heutigen Gittertor liefen zu Beginn 420 Spindeln heiß. Möker hatte die Idee gehabt, das Geld dafür kam von seinen wohlhabenden Nachbarn Ludwig Gercke und Carl Ahrens. Für den Salzgitteraner Geschäftsmann war es ein großer Erfolg: Er brachte Arbeit in die Salzstadt, betrieb ein florierendes Unternehmen und die Bettelei nahm auch ab. Bereits 1869 konnte Möker erweitern, er baute und betrieb nun neben der Spinnerei am Gittertor die Mechanische Weberei. Ab 1877 leitete er das Unternehmen allein, ohne seine Geldgeber. Als sich die Nutzung von Baumwolle immer mehr rentierte, wurde nur noch in der Weberei produziert: Anfang des 20. Jahrhunderts wurde die Firma in Mechanische Leinenweberei umbenannt. Und diese war lange Zeit „der bedeutendste industrielle Betrieb weit und breit", wie es der Bürgerverein Bad Salzgitter auf seiner Internetseite vermerkt. Jahresumsatz: drei Millionen Mark! Vor rund 100 Jahren wurden so am Gittertor Wischtücher, Säcke und Halbleinen produziert und in alle Welt geliefert. Das Repertoire war groß, „auch Zelte für die Wehrmacht hat man später dort hergestellt", weiß Knöß. Erst Ende der 1930er-Jahre liefen die Spindeln zum letzten Mal in den Fabrikhallen. Die Produktion wurde aus verschiedensten Gründen nach Stadtoldendorf im Landkreis Holzminden verlegt.

Wie schade, dass Theodor Christian Möker nicht mehr miterleben konnte, wie die Menschen heutzutage die Bänke für ein angenehmes Päuschen nutzen – so ganz ohne dass jemand belästigt wird.

Valea Schweiger

....

So geht's zu den Sandsteinbänken:

Die alten Bänke stehen unterhalb des Marktplatzes in Salzgitter-Bad vor der Eisdiele ganz dicht an der Hauswand.

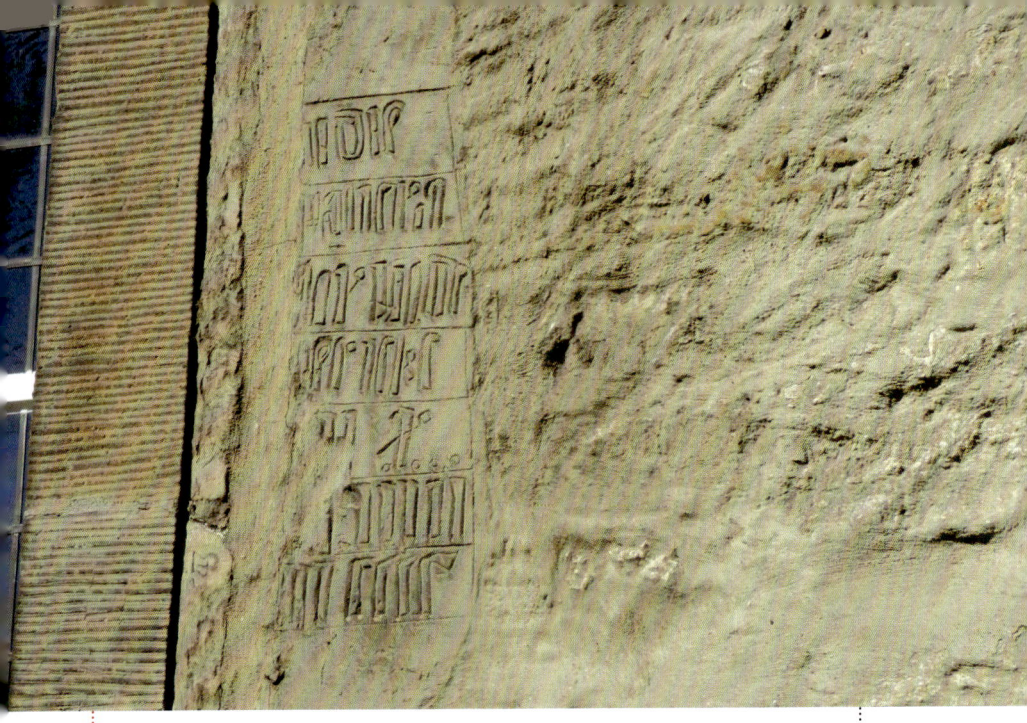

Bis jetzt kann sich niemand einen Reim auf diese Zeichen machen.

03

Inschrift

Geheimnisvolle Zeichen an der Kirchenfassade

Der aufmerksame Betrachter könnte den ganzen Tag auf der Wiese vor der Kirche in Sauingen stehen und grübeln. Er könnte sich Vergleichsstücke ansehen oder seiner Fantasie freien Lauf lassen, um zu einem Ergebnis zu kommen. Doch die Chancen stehen schlecht, dass man das Rätsel löst. „Es waren sogar Experten da von der Universität Göttingen, Dr. Christiane Wulf von der Inschriftenkommission der Akademie der Wissenschaften zu Göttingen, die rätseln immer noch", erzählt der Ortsheimatpfleger Dr. Uwe Klotz. Diese Schrift muss ziemlich alt sein, denn schon ein

Pastor Abel berichtete 1776 in seiner Ortschronik von ihr und ihrer Unleserlichkeit: „Da aber solche recht unvollständige, weil ein Theil bey der Vergrößerung des Fensters davon abgehauen, Schrift mit sehr alten ganz sonderbar gestalteten Buchstaben verfertiget ist, so ist die Bedeutung derselben ein Räthsel u. schwer zu entziffern." In seiner Beschreibung der Inschrift kommt auch er zu keiner sinnvollen Deutung, lediglich in der letzten Zeile vermeint er die Zahlzeichen „mcccc" auszumachen. Es könnte auf das Jahr 1400 und seiner Vermutung nach auf das Erbauungsjahr der Kirche hinweisen.

Wie aber einer Urkunde aus dem Jahr 1022, in der Heinrich II. (973-1024) dem neu gegründeten Kloster St. Michaelis in Hildesheim einen umfänglichen Klosterbesitz bestätigt, zu entnehmen ist, besaß Sauingen damals bereits eine Kirche. Diese Urkunde ist auch zugleich die erste belegte Erwähnung des Dorfes. Damals hieß der Ort noch „Sauongon". Der Name beziehungsweise seine Aussprache und Schreibung änderte sich im Laufe der Jahrhunderte immer wieder: von Sowinche, Sowinge, Sowinghe und Tsowinge über Zeuwinge, Taubbingen und Sawinge bis hin zu Sauwingen.

„Bislang kann sich niemand bei der Inschrift einen Reim darauf machen. Keines der Zeichen sieht dem ähnlich, was wir kennen. Die Schrift scheint gotisch zu sein, mehr kann man aber mit dem momentanen Wissensstand nicht sagen", sagt der Ortsheimatpfleger.

Auf derselben Seite, der Südseite der Kirche, gibt es noch mehr wunderliche Dinge. So findet man am weißen Kirchturm um ein Fenster herum einen großen steinernen Bogen, der bis auf den Boden reicht. „Hier war früher einmal das Leichenhaus. Durch dieses betraten die Gläubigen

„Die Schrift scheint gotisch zu sein, mehr kann man aber mit dem momentanen Wissensstand nicht sagen."

früher die Kirche", weiß Dr. Klotz. Doch das Leichenhaus steht nicht mehr, die Tür zur Kirche ist zugemauert. Auch Pastor Abel berichtet über das Leichenhaus und führt Beweise dafür an, dass es erst später an die Kirche angebaut wurde. Als er um 1776 die Chronik von Sauingen schrieb, stand das Leichenhaus offenbar noch. Denn dem Geistlichen fiel auf, dass der Mauerdurchgang vom Leichenhaus in die Kirche ein viel aufwendiger verziertes Portal hatte als jenes, das an der

Südseite von außen in die Kirche führt. „So läßt sich hieraus wahrscheinlich schließen, daß das Leichhaus nicht gleich anfangs vor die Kirchenthür vorgebaut, sondern, daß diese Thür frey gewesen und jene nachher angebaut worden." Auch findet er Hinweise, dass die innere Tür stark durch Riegel, Schloss und Balken versperrt werden konnte, also eine Außentür gewesen sein muss.

Auffallend ist die Größe der Wiese, die sich um die Kirche herum befindet. Auch Pastor Abel berichtet darüber: Die Kirche „ist an der Abendseite mit des Kothsassen Zacharias Lüddecke und des Kothsassen Hans Jakob Rintelmann Höfen, an der Mitternachtseite mit des Ackermannes Henning Rogels Hofe, an der Morgenseite mit dem Pfarrhofe u. an der Mittagseite einem großen freyen Platze, dem sogenannten Thie, umgeben". Der große Platz hatte den Zweck, möglichst vielen Menschen und deren Hab und Gut Zuflucht zu geben, wenn Feinde nahten. Denn auf heiligem Boden durfte nicht gekämpft werden. So konnten sich die Sauinger retten. Die dicken Mauern des Kirchturms sind noch heute Zeugen dieser Wehrhaftigkeit.

Auch Dr. Uwe Klotz kann die Inschrift nicht lesen.

Im Inneren der Kirche finden oder befanden sich weitere Besonderheiten. Allerdings muss Uwe Klotz die Kirche aufschließen, damit Besucher sie begutachten können. Was heute nicht mehr zu sehen, aber in Pastor Abels Chronik nachzulesen ist, betrifft die Sitzmöglichkeiten: „An dieser Reihe heraus in dem davorgehenden Gange stehet eine rothgemahlte Bank für die Dienstmägde und Kinder." Warum diese Bank, auf der die Dienstmägde und Kinder saßen, rot war, ist nicht bekannt. Laut Pastor Abel waren alle anderen Stühle „grau und schwartz vermahlet". Es gab auch Gestühl mit Gitter, das war bedeutenden Personen vorbehalten.

Interessanterweise gibt es in der Beschreibung der Kirche von Pastor Abel kein einziges Mal das Wort links oder rechts. Auch Osten, Westen, Norden oder Süden findet sich nicht. Richtungsangaben ergeben sich aus den Tageszeiten. So ist der Osten die Morgenseite, der Westen die Abendseite, der Süden die Mittagsseite und der Norden die Mitternachtsseite. Der Altar befindet sich demnach an der Morgenseite, die unentzifferbare Inschrift also an der Mittagseite. Das führt zu ungewöhnlichen Richtungsangaben wie „in der Ecke gegen Mittag an der Abendseite gehet eine Treppe hinauf auf diesen ersten Boden".

Geht man diese Treppe hinauf, findet man neben der kunstvollen, restaurierten Orgel in einem kleinen Räumchen ein seltsam anmutendes Gebilde. „Das war der Blasebalg für die Orgel. Man stand auf zwei langen Balken und hielt sich an der Seite fest. Und dann musste man strampeln", erzählt der Ortsheimatpfleger. Abgesehen von dem heute abenteuerlich wirkenden mechanischen Blasebalg gibt es Kritzeleien und Einkerbungen sowohl an der Zimmertür als auch auf der Unterseite der Treppe, die sich in diesem Raum befindet. „Hier haben sich die Kinder verewigt, die den Blasebalg getreten haben. Sie bedienten gerne den Blasebalg, denn wenn sie Glück hatten, konnte es schon einmal vorkommen, dass sie zum Beispiel bei einer Hochzeit 50 Pfennig oder sogar eine Mark bekamen. Das war damals viel Geld, vor allem für die Kinder", berichtet Klotz und weist auf die vielen Graffitis hin.

Im Gegensatz zu der Inschrift an der Kirchenfassade, deren Bedeutung vielleicht für immer ein Geheimnis bleiben wird, lassen sich diese immerhin entziffern.

Mike Durlacher

....

So geht's zur Inschrift:

Sie befindet sich auf der Südseite der Kirche in Sauingen in der Straße An der Kirche.

Bernhard Schroeter mit der Bunkerkarte vor der Luftschutzdeckungsgraben-Eingangstür.

04

Fachwerkhäuschen

Eingang eines Luftschutzdeckungsgrabens

Mitten auf dem schmucken Dorfplatz von Salzgitter-Watenstedt steht ein hübsches Fachwerkhäuschen auf einer Wiese, umrahmt von Bäumen und fünf großen, verglasten Kästen mit Informationen über Aktuelles aus dem und über den Ort. Dass dieses Häuschen eine Aufgabe hatte, die man geneigt wäre, kurios zu nennen, wenn dahinter nicht die Erinnerung an Leben und Sterben in einer grauenvollen Zeit stünde, davon haben wohl nur eine Handvoll Menschen Kenntnis, allen voran Ortsheimatpfleger Bernhard Schroeter, der weiß: Es war ein Eingang zu einem unterirdischen Schutzraum.

Der Elektrotechniker wohnt mit seiner Familie in einem nur wenige Schritte vom Dorfplatz entfernten Haus, das nach innen und nach außen reine Lebensfreude ausstrahlt. Er und seine Frau sind geborene Salzgitteraner. Allerdings sind sie zu jung, um noch viele der Landwirte getroffen zu haben, die Ende der 1930er-Jahre das alte Watenstedt verlassen mussten, um Platz zu machen für die Reichswerke Hermann Göring und die 1942 gegründete Stadt Watenstedt-Salzgitter. Ihren heutigen Namen erhielt die Stadt erst anlässlich ihrer Neugründung 1951.

So hat Bernhard Schroeter auch nur ganz wenige Einwohner über die Zeit des Krieges in Watenstedt befragen können, hat aber sein Wissen durch Archivrecherchen kontinuierlich ergänzt – unter anderem auch zur Geschichte der Bunker in Salzgitter (siehe Geheimnis 26). Beim Fachwerkhäuschen geht es um keinen Tiefbunker, sondern um einen so genannten Luftschutzdeckungsgraben für 100 Personen unterhalb des Dorfplatzes. Ein Zugang zu diesem 1942 gebauten Schutzraum war durch die Tür des Fachwerkhäuschens mit dem stolzen Ortswappen an der Front möglich. „Diesen Bunkereingang wollte man damals", so Schroeter, „dem fachwerkdominierten Erscheinungsbild der umgebenden Häuser anpassen" – was zweifellos gelungen ist. „Da jede Luftschutzanlage jedoch zwei Eingänge haben musste, gibt es auch noch einen weiteren Zugang, der auf der Rückseite des nebenstehenden Gebäudes, ebenfalls auf dem Dorfplatz, zu finden ist." Dabei handelt es sich um das ehemalige Feuerwehrhaus.

„Am Eingang stand bei ausgelöstem Alarm der Bunkerwart, der anhand einer Bunkerkarte kontrollierte, ob die Einlass und damit Schutz Begehrenden auch auf der Liste verzeichnet waren, und zwar mit Hausnummer, Name und Geburtsdatum."

„Nun konnte aber nicht etwa jeder Mensch bei Alarm durch die Tür des Häuschens in den Untergrund schlüpfen", erzählt der Ortsheimatpfleger weiter. „Am Eingang stand bei ausgelöstem Alarm der Bunkerwart, der anhand einer Bunkerkarte kontrollierte, ob die Einlass und damit Schutz Begehrenden auch auf der Liste verzeichnet waren, und zwar mit Hausnummer, Name und Geburtsdatum." Auf der Kopie der Bunkerkarte, die der Ortsheimatpfleger erläutert, sind knapp 80 Personen verzeichnet. Der älteste Zugangsberechtigte unter ihnen war Hermann Borchers, geboren am 29. 9. 1880.

Das sichtbare Fachwerkhäuschen über dem unsichtbaren Luftschutzdeckungsgraben.

Watenstedt war nie das Ziel eines Bombenangriffs, allerdings erlitt das Dorf erhebliche Beschädigungen durch Bombenfehlwürfe bei Luftangriffen, die den Hermann-Göring-Werken galten.

Die Menschen, die im Bunker Schutz suchten, hatten Glück. Niemals fiel eine Bombe auf ihn, und so überstanden das Häuschen und der darunter befindliche Luftschutzdeckungsgraben den Wahnsinn des Krieges unversehrt.

Bernhard Schroeter weiß auch, dass man nach dem Krieg Verschläge in den Bunker einbaute und darin Kohle lagerte. Das Häuschen aber erhielt einen neuen Anstrich und das Watenstedter Wappen, und seine Umgebung wird durchaus gepflegt. Was es mit diesem Gebäude jedoch auf sich hat, das erklärt kein Hinweis, auch nicht in den fünf großen, überdachten Infoboxen vor dem Gebäude.

Georg Ruppelt

So geht's zum Fachwerkhäuschen:

Der Dorfplatz liegt im westlichen Teil Watenstedts. Das Häuschen steht an der Kreuzung Hüttenstraße / Mausestraße.

22

Günter Freutel im ehemaligen Türdurchgang.
Links von ihm die rätselhaften Rillen.

05

Rillen

Wer hat denn da geschabt?

182 wird sie erstmals urkundlich erwähnt, die ebenso schlichte wie schöne Kirche von „Villa Machtersein", so der einstmalige Name des heutigen Ortsteils Bruchmachtersen der Stadt Salzgitter. Die Kirche weist einige Besonderheiten aus alter Zeit auf. Dazu gehören auch geheimnisvolle, parallel laufende Wetz- oder Schleifrillen im Mauerwerk.

Günter Freutel, der örtliche Stadtheimatpfleger, der sein ganzes Leben mit dieser Kirche auf das Engste verbunden war und ist, überquert die Straße vor seinem Haus in Bruchmachtersen und öffnet das Tor zum weitläufigen Kirchhof, der heute aber nicht mehr als Begräbnisstätte genutzt wird. Wie gut er das alles kennt! In seinem Haus wurde er geboren und ist hier aufgewachsen, hat als einer von fünf Brüdern der Mutter bei deren Küsterdiensten geholfen. Dazu gehörte auch morgens um 7 Uhr und nachmittags um 17 Uhr die Glocke zu läuten – per Hand und mit einem Glockenstrang, versteht sich.

Freutel steuert auf ein offensichtlich neues Fenster in einem gemauerten Rundbogen an der Südseite der Kirche zu, der Rundbogen hat ebenso offensichtlich einmal als Tür gedient. Bei Sanierungsarbeiten zwischen 1975 und 1986 wurde dieser bis dahin zugemauerte rundbogige Eingang wieder freigelegt und das Fenster eingebaut. An den Seiten des Eingangs lassen sich im Mauerwerk zahlreiche Schleifrillen entdecken.

Natürlich stellte man sich die Frage, wie diese zustande gekommen sein könnten. Die Vermutung, dass die Kinder der unmittelbar neben der Kirche angesiedelten Schule auf diese Weise ihre Griffel geschliffen hätten, weist Freutel zurück. Er selbst, der seit 1986 Rentner ist, sei hier zur Schule gegangen und habe Griffel benutzt, aber niemand wäre auf die Idee gekommen, diese an der Wand zu schärfen!

So sehen die Rillen in der Kirchenwand von Bruchmachtersen aus der Nähe aus.

In einer kleinen privaten Abhandlung über „seine" Kirche führt Freutel verschiedene andere Deutungen der Herkunft dieser Schleif- oder Wetzrillen an. So habe man vermutet, dass sie durch das Schleifen von Waffen entstanden sein könnten. Andere meinten, man habe früher geglaubt, der Steinstaub aus Kirchengemäuern enthalte besondere Kräfte, mit denen man etwa an Scheuerchen, also an Zahnkrämpfen, erkrankte Kinder heilen könne. Feutel nennt eine weitere Möglichkeit: „Die abgeschabten Steinchen oder der Sand wurden in einem Beutel auf der Brust getragen – als Schutzmittel gegen die Pest."

Vermutungen kann man viele anstellen, doch die tatsächliche Herkunft dieser Rillen, die es in ganz Deutschland und auch darüber hinaus vielfach in Europa gibt, bleibt ein Geheimnis. Bekannt ist eine Fülle von Wetzrillen am Mauerwerk mittelalterlicher Kirchen, meist an den Portalen. Sie werden auch als Pestrillen oder Schleifrillen bezeichnet und ähneln den Bruchmachtersener Rillen sehr. Darüber, woher sie stammen, wurde allerorts spekuliert. Wie auch Freutel nennen die entsprechenden Erklärungsversuche abergläubische Vorstellungen, das Wetzen und Schärfen von Waffen und Werkzeugen oder die Gewinnung von Steinpulver zu abergläubischen oder volksmedizinischen Zwecken als mögliche Ursachen. Und auch eine wesentlich profanere Erklärung taucht immer wieder auf, die besagt, dass im Mittelalter bis ins 19. Jahrhundert vor der Einführung der Zündhölzer mit Schlageisen oder Feuerstahl Feuer gemacht wurde. Am Sandstein der Kirchen könnten die Menschen damit Funken geschlagen haben, die zusammen mit Zunder entflammt wurden. So haben die Kirchgänger vielleicht ihre Laternen für den Heimweg entzündet.

„Die abgeschabten Steinchen oder der Sand wurden in einem Beutel auf der Brust getragen – als Schutzmittel gegen die Pest."

Das ungelöste Geheimnis um die Wetzrillen in Bruchmachtersen macht diese nicht uninteressanter – im Gegenteil. Es verlockt vielleicht dazu, sich einmal in oder vor dem idyllisch gelegenen uralten Kirchlein mit der eigenen Vergangenheit und manchen der ungelösten Rätsel in sich selbst zu beschäftigen.

Georg Ruppelt

So geht's zu den Rillen:

Im Ortsteil Bruchmachtersen von Salzgitter-Lebenstedt kommend von der Theodor-Heuss-Straße in den Söhlekamp links einbiegen. Nach 200 Metern rechts in die Straße Siedlung einbiegen. Die Kirche liegt nach 50 Metern rechter Hand.

06

Jahreszahlen

Die wechselvolle Geschichte einer Burg

*E*in Baum. Vier Steine. Und vier Zahlen: Zu finden ist all das ganz in der Nähe der Burgruine Lichtenberg und der „Kanzel von Salzgitter" (siehe Geheimnis 31). Die vier Zahlen, die in die vier Steine eingemeißelt sind, lauten *1180, 1552, 1857, 1986*.

„All diese Zahlen haben für die Geschichte der Burg eine Bedeutung", erklärt der ehemalige Leiter des Tiefbauamts in Salzgitter, Klaus Gossow. „1180 wurde sie erstmals urkundlich erwähnt, als Kaiser Friedrich I., also Barbarossa, sie eroberte. Zuvor hatte sie Heinrich dem Löwen als Bollwerk gegen Kaiser Friedrich I. gedient." Heinrich der Löwe (etwa 1130-1195) und sein Cousin Kaiser Friedrich von Staufen (1122-1190), hatten lange Zeit Seite an Seite gekämpft. So hatte der Löwe seinen Lehnsherrn Barbarossa beispielsweise auf dessen Italien- und Polenfeldzügen unterstützt. Seine Teilnahme am Wendenkreuzzug von 1147 war außerordentlich erfolgreich, er brachte die Insel Rügen in seinen Besitz und erklärte Braunschweig zu seiner Residenz. Doch dann richtete Heinrich sein Hauptaugenmerk auf die Vergrößerung seines Herrschaftsgebiets. Für die Unterstützung seines Vetters blieb da wenig Zeit – was diesem ganz und gar nicht gefiel. Obendrein forderte Heinrich als Ausgleich dafür, dass er den Kaiser bei dessen 5. Italienfeldzug von 1174 bis 1176 unterstützt hatte, Goslar und dessen reiche Silberminen. Doch sein Cousin, der Kaiser, lehnte empört ab. Der Streit eskalierte so weit, dass Barbarossa die Reichsacht über Heinrich den Löwen verhängte. Damit nicht genug, vergab er die Reichslehen Bayern und Sachsen an Heinrichs fürstliche Gegner und schickte ihn letztendlich zu seinem Schwiegervater, dem König von England, ins Exil. Erst 1189 kehrte Heinrich der Löwe nach Deutschland zurück. „Er schloss mit Barbarossas Sohn Frieden und bekam auch die Burg zurück", sagt Klaus Gossow. Der einst so mächtige Reichsfürst musste sich also nun mit seinen welfischen Erblanden begnügen.

Geheimnisvoll: Ein Baum, vier Steine und vier Jahreszahlen.

Vier Zahlen – vier Ereignisse.

Zum nächsten Datum: 1552. „In diesem Jahr wurde die Burg durch Vollrad von Mansfeld zerstört", erzählt Gossow. Die Schlacht ereignete sich am 22. Oktober 1552, als die Truppen des Grafen die Burg belagerten. Zuvor war Mansfeld mit einer 5.400 Mann starken Truppe und 2.100 Reitern in das Herzogtum Braunschweig eingefallen und hatte ein Bild des Schreckens und der Verwüstung hinterlassen. „Die Burg wurde von den Truppen innerhalb von acht Tagen zerstört und zu der Ruine gemacht, die sie heute noch ist", sagt Klaus Gossow. Der Hintergrund: Der Schmalkaldische Bund war als Verteidigungsbündnis protestantischer Fürsten und Städte geschlossen worden, die sich gegen die Religionspolitik des katholischen Kaisers Karl V. (1500-1558) verteidigen wollten. Dieser Bund wurde im Schmalkaldischen Krieg von 1546 bis 1547 von den kaiserlichen Truppen zerschlagen, einen endgültigen Sieg über die Protestanten konnte Karl V. aber nicht verzeichnen. Albrecht II. Alcibiades von Brandenburg-Kulmbach (1522-1557) kämpfte anschließend nach wie vor gegen den Katholizismus und zog plündernd und brandschatzend durch die fränkischen Hochstifte. 1552 rückte er mit seinem Heer gegen Heinrich II. von Braunschweig, einen Gegner der Reformation, vor. Einer seiner Söldnerführer war Vollrad von Mansfeld, unter seinem Kanonenangriff am 29. Oktober 1552 ging die Burg Lichtenberg buchstäblich in die Knie. „Später haben die Bewohner von Ober- und Niederfreden die Steine der Ruine zum Bau ihrer Häuser verwendet", erzählt Gossow.

Womit wir schon beim nächsten Datum wären: 1857. „Am Fuße einer Burg bilden sich ja immer die Dörfer, in denen die Bauern und die Leibeigenen leben. Das waren Oberfreden und Niederfreden. Diese beiden Dörfer wurden 1857 per herzoglichem Dekret zu Lichtenberg vereint."

Das letzte Datum? „1986 haben wir die Eiche gepflanzt und die Steine mit den Inschriften angebracht", lüftet Klaus Gossow das Geheimnis um das letzte Datum. „Wir wollten den Besuchern der Burg die wichtigsten Daten mit auf den Weg geben – auch wenn die meisten sie vermutlich nicht zuordnen können. Einfach als stumme Botschaft aus der Geschichte der Burg."

„Die Burg wurde von den Truppen innerhalb von acht Tagen zerstört und zu der Ruine gemacht, die sie heute noch ist."

Eva-Maria Bast

So geht's zu den Jahreszahlen:

Sie sind in die vier Findlinge eingraviert, die auf dem Parkplatz an der Kreisstraße 1 zwischen Lichtenberg und Oelber am weißen Wege um eine Eiche (quercus robur) gruppiert sind.

07

Rauschender Gullydeckel

Eine Quelle, die niemals versiegt

Zunächst ein wenig Zungenakrobatik: Der Spring entsprang einst sprudelnd in der Straße Am Spring in Lobmachtersen. Gut. Man könnte es auch einfacher sagen: In Lobmachtersen gab es einmal eine Quelle, die die Dorfbewohner mit bestem Wasser versorgte – nur wissen das heute die wenigsten.

Denn wer diese Quelle, eben jenen Spring, heute sucht, der wird enttäuscht. Statt Wasser sieht man nur Beton und Teer. Aber: Man kann ihn noch hören! Wer auf der Straße Am Spring / Ecke Deiweg steht, ungefähr in der Straßenmitte, der hört unter einem Gullydeckel ein lautes Rauschen. Und das ist die Quelle. Unsichtbar zwar – aber immer noch da.

Wie Ortsheimatpfleger Peter Stübig berichtet, war das Wasser des Spring früher beliebt bei Alt und Jung – und auch außerhalb Lobmachtersens bekannt: „Leute aus anderen Dörfern kamen extra zum Spring gereist." Bereits 1752 wurde der Spring in Dorfbeschreibungen erwähnt. Und es sei sogar möglich, sagt Stübig, dass selbst Karl der Große (um 747-814) einst Lobmachtersener Quellwasser trank. Der Herrscher habe sich nämlich im 8./9. Jahrhundert in Ohrum im heutigen Landkreis Wolfenbüttel aufgehalten und müsse im Zuge dessen auch auf dem berühmten Ost-West-Deiweg Lobmachtersen passiert haben.

Über Karl den Großen mag man nur spekulieren, was aber sicher ist: Dass früher die Kinder nur zu gern im sprudelnden Wasser des Spring gespielt haben, Stübig war selbst oft mit dabei. Und dass die Quelle den Lobmachtersenern viel Gutes getan hat, bevor sie in den 1970er-Jahren, als die Rohre für die neue Kanalisation verlegt wurden, in den Untergrund verschwand.

Wer auf der Straße steht, wo es im Gully so eifrig rauscht, der kommt natürlich nicht umhin, auf den Wasserturm zu blicken. Seit

Das sieht jetzt nicht so besonders aus – aber dieses Rauschen aus der Tiefe!

Ortsheimatpfleger Peter Stübig kennt den Turm so gut wie kein anderer.

1928 ist das Bauwerk das Wahrzeichen des Dorfes. Schon von weither aus dem Umland ist in knapp 30 Metern Höhe das Dach des roten Backsteingebäudes gut zu erkennen. Und das Schicksal des Wasserturms ist eng mit dem Schicksal der Springquelle verbunden. Vielmehr: Ohne die ergiebige Quelle würde es das Wahrzeichen Lobmachtersens heute nicht geben. Anfang des 20. Jahrhunderts existierten, wie in allen Dörfern, noch keine Wasserleitungen in dem kleinen Ort. Das, was die rund 600 Einwohner benötigten, kam aus den Brunnen – und die waren in trockenen Sommern nicht wirklich ergiebig. Bereits Mitte der 1920er-Jahre, so berichtet es Elke Keese in einer Publikation anlässlich des 80-jährigen Bestehens des Wasserturms, gab es die ersten Pläne für eine zentrale Wasserversorgung des Ortes. Treibender Motor war der damalige Gemeindevorsteher Wilhelm Henties, der nicht nur sein Dorf modernisieren und voranbringen, sondern die Menschen in Lohn und Brot wissen wollte.

Denn das war im frühen 20. Jahrhundert, ein paar Jahre vor der Weltwirtschaftskrise, eher die Ausnahme als eine Selbstverständlichkeit. Aber: Das Projekt war teuer, das Geld knapp. Zunächst mussten die Pläne begraben werden. Erst nach zähen Verhandlungen und einigem Hin und Her konnte schließlich im Februar 1928 mit dem Bau des Wasserturms und der dazugehörigen Versorgungsleitungen begonnen werden. Das rote, hohe Backsteingebäude wurde oberhalb der Springhauptquelle errichtet und das relativ schnell: „Im Frühjahr wurde mit den Arbeiten begonnen, im Winter war der Turm mit 30 Metern

Gesamthöhe fertig", erzählt Stübig. Das Bauwerk erhielt fünf Stockwerke, inklusive Kellergeschoss. Zwischen dem Dach und der dritten Etage befand sich der Wasserbehälter, in den 100 Kubikmeter Wasser hineinpassten. Durch drei Leitungen und mit einem Wasserdruck von 2,6 bar rauschte das kühle Nass zu den Menschen ins Dorf hinein. Der Turm leistete den Anwohnern bis zu seiner Stilllegung im Jahr 1982 treue Dienste – obgleich der Start durchaus holprig gewesen war. Vielen Menschen waren die Pumpen anfangs zu laut, denn das Schlagen der Kolben wurde durch das Leitungsnetz bis in die Häuser getragen, wie Peter Stübig anlässlich des Wasserturm-Jubiläums schrieb. Und gleich im ersten Winter 1928/29 froren viele Leitungen ein, weil die Haushaltsanschlüsse nicht tief genug in der Erde lagen. Zwei Reichsmark kostete einen Erwachsenen die Wasserversorgung im Jahr, der Bau selbst schlug mit rund 68.000 Reichsmark zu Buche – wie Elke Keese es beschreibt.

„Leute aus anderen Dörfern kamen extra zum Spring gereist."

Anfang der 1980er-Jahre reichten das Wasser des Spring und der Druck des Wasserturms nicht mehr für die Versorgung der Lobmachtersener aus. „Das Dorf war zu groß geworden. Am Ende der Hauptleitung in der Crammer Straße tröpfelte es nur noch", sagt Stübig.

Mit dem Ende des Wasserturms und dem Bau einer modernen Kanalisation war auch das Ende des Springs besiegelt. Heute fließt die Quelle durch Betonrohre in die Fuhse hinein. Nur das Rauschen in der Tiefe kündet von der Existenz der nunmehr unsichtbaren Quelle.

Valea Schweiger

....

So geht's zum rauschenden Gullydeckel:

Wer das Rauschen hören möchte, muss in Lobmachtersen die Straße Am Spring / Ecke Deiweg besuchen. Inmitten der Straße befindet sich der Gully. Und genau daneben der Wasserturm.

Ortsheimatpfleger Hartmut Alder kennt die Geschichte des Findlings.

08

Findling
Eine Burg, die keine war

Der Stein sieht ziemlich schwer aus. „Er markiert die Stelle, an der in vorchristlicher Zeit die Pascheburg stand", erzählt Hartmut Alder, Ortsheimatpfleger aus Thiede. „Wobei der Wortteil *Burg* etwas irreführend ist", führt er weiter aus. Unter einer Burg stellt man sich ja eigentlich einen festen Platz mit Wall und Turm und Tor vor. Mindestens aus Holz, besser noch aus massivem Stein.

Die Pascheburg war aber kein Zuflucts-, sondern eher ein religiöser Ort. Pastor Johann Christian Dünnhaupt kommt in seiner Abhandlung über den Ort zu dem Schluss, das alte deutsche Wort „Bascha" und damit die „Baschaburg" bedeute so viel wie „Herrnburg", „Herrnstadt" oder „Herrnsitz". Dagegen spricht, dass laut dem Verfasser des Artikels *Spuren des alten Götzendienstes, besonders in der Nähe von Wolfenbüttel* der Adelssitz in Thiede – denn es gab hier ein Adelsgeschlecht – auf der „Abendseite" des Dorfes lag. Er stand also auf der anderen Seite des Dorfes und nicht am Ort der Pascheburg. Daher kann „Baschaburg" nicht Herrnsitz bedeuten. Weiterhin argumentiert der Verfasser, wahrscheinlich ein Professor des Collegium Carolinum in Braunschweig, es gebe „Grafen von Fümmelsen oder Vümmelsen, Herren von Stöckheim, von Geitelde, von Bleckenstedt u. s. m. aber in allen diesen Dörfern giebt es keine Baschäburg".

Johann Heinrich Reß (1732-1803), der von 1765 bis 1773 Pastor in Thiede war, beschreibt den Ort der Pascheburg folgendermaßen: „Am mitternächtlichen Ende des Dorfes

> „*Aus diesen Worten heraus hat sich die Bezeichnung Pascheburg für diesen Ort entwickelt, die dann auch der heutigen Straße Panscheberg ihren Namen gab.*"

Thiede, eine halbe Meile von Wolfenbüttel, heißt eine kleine Gegend die ‚Panscheburg'. Sie ist abendwärts mit einem der klarsten Bäche umflossen, der am mitternächtlichen Ende des Dorfes entspringt und also seiner Quelle nach ganz nahe ist. Der Platz ist jetzt Wiese." Mit „mitternächtlich" ist hier nördlich und mit „abendwärts" ist westwärts gemeint. Es war früher nicht unüblich, die Himmelsrichtungen mittels der Tageszeiten anzugeben. Für den Osten verwendete man die Ortsangabe „Morgen", für den Süden „Mittag", für den Westen „Abend" und für den Norden „Mitternacht". Die Benennung folgte also dem Verlauf der Sonne. Pastor Reß, der später Superintendent in Wolfenbüttel wurde, schreibt in seinem Buch *Ueber die Benennung und Ursprung aller Örter des Herzogthums Braunschweig-Wolfenbüttel* aus dem Jahr 1806, bei Thiede habe eine „alte Bascheburg, höchstwahrscheinlich ein ehemaliger Götzendienst, zu welchem sich die Nachbarschaft versammelte," gelegen.

Die Germanen legten gerne an besonderen Orten wie Quellen, Flüssen oder Seen solche Opferstätten an, wo sie ihren Göttern Nahrungs- oder Tieropfer brachten. Ein besonders wichtiges Fest war der Übergang des Winters in den Frühling. Dieser wurde zur Zeit der Frühlings-Tag-und-Nacht-Gleiche gefeiert. Und auf diese Zeit legte später die christliche Kirche das Osterfest. „Die Parallelen zwischen der Naturreligion mit der Überwindung des Todes, also des Winters, durch den lebensspendenden Frühling und dem christlichen Osterfest mit dem Tod Jesu und seiner Auferstehung sind nicht von der Hand zu weisen", erklärt Hartmut Alder. Das hebräische Wort für Ostern ist *pessach*, das lateinische für diese Zeit ist *paschae*. „Aus diesen Worten heraus hat sich die Bezeichnung Pascheburg für diesen Ort entwickelt, die dann auch der heutigen Straße Panscheberg ihren Namen gab", fährt der Heimatforscher fort.

Zu diesem Schluss kam auch Pastor Dünnhaupt, wie es in *Gelehrte Beytraege zu den Braunschweigischen Anzeigen* von 1784 heißt: „Nach

Hier soll die Burg gestanden haben, die keine Burg, sondern eine Kultstätte war.

seinen Buchstaben fand er freylich einen offenen Weg zu der Vermuthung, daß Paschaburg von dem christlichen Pascha, dem Auferstehungsfeste unsers Herrn benannt sey." Außerdem war er der Meinung, dass „dieser Platz ehemals die Osterburg geheissen haben möge". Darin sah Dünnhaupt aber eine „Verspottung und die Auslöschung des alten". Noch bis in die Zeit der Reformation im 16. Jahrhundert hielt sich eine österliche Tradition: „Mönche aus Wolfenbüttel gingen in einer Prozession auf und um den Platz in Richtung des Steterburger Holzes und hielten dann eine Messe", erzählt der Ortsheimatpfleger. Als Karl der Große (um 747-814) die sächsischen Stämme unterwarf und gewaltsam christianisierte, zerstörte er alle germanischen Kultstätten, die er aufspüren konnte. So auch die Pascheburg bei Thiede.

Da er den Fluss, die Riede, hier nicht umleiten konnte, staute er sie auf und ließ das daraus entstandene Gewässer verunreinigen. Dadurch wurde die Stätte, die mit Findlingen markiert war, für die „Götzenanbetung" unbrauchbar. Noch heute zeugt die *Speckenwiese*, die in Richtung Steterburg liegt, von dieser brutalen Maßnahme, denn „Specken" bedeutet so viel wie verfaulen. „An anderen Orten, die ebenfalls Pascheburgen waren, ließ Karl der Große sogar Flüsse umleiten, um die heiligen Plätze obsolet zu machen", erklärt Alder. Und er sei sogar noch weitergegangen, um die Sachsen zu unterwerfen und zum Christentum zu zwingen. „Er ver-

> *„Mönche aus Wolfenbüttel gingen in einer Prozession auf und um den Platz in Richtung des Steterburger Holzes und hielten dann eine Messe."*

hängte auf das Essen von Fleisch und die bei den Heiden vorherrschende Feuerbestattung die Todesstrafe, deportierte ganze Dörfer und ließ Aufstände blutig niederschlagen", fährt der Ortsheimatpfleger fort. Dieses Vorgehen brachte Karl dem Großen nicht nur Lob bei seinen Zeitgenossen ein. Besonders farbig wird dies in der Widukind-Legende dargestellt, die von dem sächsischen Anführer Widukind berichtet, der den Widerstand gegen die Franken anführte.

Heute erinnern nur noch der Stein mit der Plakette und der Straßenname an diesen einst heiligen Ort, der die Keimzelle der Siedlung war und von Karl dem Großen zerstört wurde. Ein anderer Findling der Pascheburg steht noch am Eingang des Thieder Friedhofs und damit weit entfernt von seinem ursprünglichen Standort.

Mike Durlacher

So geht's zum Findling:

Der Findling, der den Standort der Pascheburg markiert, befindet sich auf einer Wiese zwischen der Straße Panscheberg und Im Laah.

*Eine steinerne Brücke mit drei Bögen:
die Franzosenbrücke bei Hohenrode.*

09

Franzosenbrücke

Drei Bögen und zwei Rätsel

An der Kreisstraße 32 von Salzgitter-Gitter nach Upen führt über die Innerste eine Steinbogenbrücke, die im Volksmund „Franzosenbrücke" genannt wird. Fragt man dann eine Passantin im Ortsteil oder einen Wanderer, der von der Brücke aus den herrlichen Weg entlang der Innerste zu nehmen gedenkt, warum sie so heißt, so erhält man als Antwort wohl: „Ja, die stammt noch aus der Franzosenzeit." Nun wurde diese Brücke aber nachweislich erst nach dem Ende der napoleonischen Besatzung erbaut, das heißt nach 1813. Warum also „Franzosenbrücke"?

Intensiv mit der Geschichte der Brücken über die Innerste beschäftigt hat sich der Ortsheimatpfleger von Hohenrode, Markus Schulze, der „Dorfschulze", wie er von seinen Freunden augenzwinkernd genannt wird. Er kann das Geheimnis lüften und erzählt auch die Geschichte der Vorgängerinnen des beliebten Ausflugsziels „Franzosenbrücke".

Die ersten beiden Brücken an dieser Stelle ließ der Wolfenbütteler Herzog Heinrich Julius (1564-1613) seit 1593 von Baumeister Paul Francke (um 1537-1615) errichten. Francke war übrigens ein berühmter Architekt, so unter anderem auch der Erbauer des Schlosses, des Zeughauses und der Marienkirche in Wolfenbüttel, der Helmstedter Universität und des Schlosses Salder, heute Städtisches Museum von Salzgitter. Letztendlich soll der Bau der ersten Brücke auf ein Umkippen der herzoglichen Kutsche bei der Überquerung der Hochwasser führenden Innerste im Jahr 1592 zurückzuführen sein. Darüber war der Herzog wohl nicht begeistert – ein Beispiel dafür, dass ungute Ereignisse auch Gutes herbeiführen können. Schlimmer erging es rund 90 Jahre später einem sächsischen Kaufmann, der „in der Innerste versoffen, beerdigt, das Pferd aber lebendig unter der Hohenroder Mühle herausgekommen" sei – so ein Kirchenbuch von 1681. Im Laufe der Jahrhunderte musste die Steinbrücke mehrfach erneuert werden.

Die Pegelmarkierung an der Franzosenbrücke.

Und was hat es nun mit der „Franzosenbrücke" auf sich? Schulze erzählt: „Beim Einmarsch der Franzosen wurde die zuletzt 1775 neu erbaute Brücke durch schwere Transporte und insbesondere durch die Kanonen extrem belastet. 1808 stürzte sie bei einem Hochwasser ein. Deutsche Handwerker und französische Pioniere ersetzten sie durch eine hölzerne Notbrücke." Der Name *Franzosenbrücke* war geboren und wurde im Laufe der Zeit bis heute auf die folgenden Brückenbauten übertragen, so auch auf die nunmehr dreibogige Steinbrücke von 1818/19 und deren Umbau von 1866.

Somit wäre das erste Rätsel um die Franzosenbrücke gelöst. Für das zweite allerdings weiß Markus Schulze keine eindeutige Erklärung.

Am Südpfeiler der Brücke ist eine Pegelmarkierung in Fuß und Zoll – ein Fuß entspricht zehn 10 Zoll – angebracht, von der man nicht weiß, ob sie von 1818/19 oder 1866 stammt. Im ersten Fall könnte es sich um ein bayrisches Maß handeln, denn im Fürstbistum Hildesheim hatten einige Zeit die Wittelsbacher das Sagen. Ortsheimatpfleger Schulze ist von dieser Erklärung allerdings wenig überzeugt.

Auch andere Deutungen existieren, die mit Eifer verfochten werden. Die Stadt Salzgitter schreibt auf ihrer Homepage sogar von einem „erbitterten Streit" unter Experten: „Während eine Gruppe der Ansicht ist, es handele sich um ein französisches Militärmaß, die sogenannte ‚Husarenelle', verficht eine andere die Meinung, es sei eine ‚megalithische Elle'. Eine dritte Version besagt, dass die Markierung angibt(,) wie groß der Volumendurchfluss der Innerste bei Hochwasser ist." Während das Geheimnis des Namens „Franzosenbrücke" also gelüftet ist, wird letzteres wohl bis auf weiteres ungelöst bleiben.

Ortsheimatpfleger Schulze hat es sich auf der Franzosenbrücke bequem gemacht.

Georg Ruppelt

So geht's zur Franzosenbrücke:

Von Salzgitter-Bad in Richtung Westen laufen oder fahren. In Gitter auf der Hauptstraße bleiben und den Ort in Richtung Ringelheim verlassen; 1.500 Meter weiter ist das Ziel erreicht.

Dr. Uwe Klotz rätselt: Warum ein Ü?

Sprützenhaus
Schlug der Fehlerteufel zu?

Wer hier wohl am Werk war? Ein Steinmetz definitiv. Aber vielleicht auch der Fehlerteufel. Ortsheimatpfleger Dr. Uwe Klotz aus Sauingen erklärt: „Im 19. Jahrhundert war die Schreibweise lange nicht so eindeutig, wie wir es heutzutage kennen." Zu lesen ist auf der linken Seite des kleinen, mittlerweile leer stehenden Häuschens *SPRÜTZENHAUS. DER. GEMEINDE. SAUINGEN.* und auf der anderen Seite *ER BAUET. IM. JAHRE. 1843.* Nun stellt sich die Frage, ob besagter Fehlerteufel gleich zweimal zugeschlagen hat oder ob die falsche Schreibweise doch Absicht war. Zum einen ist *Sprützenhaus* anstatt „Spritzenhaus" zu lesen. Zum anderen ist zwischen zwei Wörtern jeweils ein Punkt zu sehen, zwischen *er* und *bauet* aber nicht. Das würde bedeuten, dass es ein Wort ist, und das macht ja auch Sinn, der Abstand selbst aber nicht. „So oder so ist das alles mehr als rätselhaft, vielleicht war der Steinmetz ja Analphabet", versucht Klotz zu erklären. Das wäre allerdings ungewöhnlich, wo doch im Herzogtum Braunschweig seit Herzog August dem Jüngeren (1579-1666) Schulpflicht herrschte. Allerdings waren nach einem Gesetz zur Schulordnung diverse Kinder davon ausgenommen, nämlich die der Besitzer oder Pächter der Landgüter, die von Domänenpächtern, von Pfarrern, Offizieren und Staatsdienern erster Klasse. Unter diesen Bessergestellten wird unser Steinmetz aber wohl kaum gewesen sein. Zwar bestand die Schulpflicht also, aber wie viel der Handwerker dort gelernt hat, wissen wir nicht.

Der Abstand ergibt einfach keinen Sinn.

Wäre also die Frage zu klären, ob er sich verschrieben hat. Rigide Rechtschreibregeln, wie wir sie heute kennen, gab es noch nicht, sondern vielmehr Konventionen der Schreibweise, die sich eingebürgert und durchgesetzt haben. Aber es gab das „Deutsche Wörterbuch" der Brüder Jacob (1785–1863) und Wilhelm Grimm (1786–1859), in dem steht, dass es durchaus Worte gebe, die mit einem „ü" anstatt einem „i" geschrieben werden. Der Steinmetz von Sauingen ist demnach mit seiner Schreibung SPRÜTZENHAUS durchaus auf der sicheren Seite, auch wenn er das Grimm'sche Wörterbuch nicht gelesen haben dürfte, denn es war für Gelehrte bestimmt. In einem „Actum am Herzogl. Amte Salder vom 10then Jan. 1844" ist zu lesen: „Es erschien der Ortsvorsteher Witte aus Sauingen und trug vor: Laut der Resolution Herzogl. Amts vom 13then April v.J. sei seine Gemeinde mit einer näheren Berücksichtigung des Wunsches, im Betreff der Anschaffung der Feuerspritze u. der Erbauung des Sprützenhauses mit 50P aus der Feuercaße unterstützt zu werden, bis dahin vertröstet, daß die Spritze angeschafft und das Sprützenhaus erbaut sei." Es findet sich also sogar in offiziellen Akten sowohl die Schreibweise „Sprütze" als auch „Spritze" – und das im gleichen Satz. Dass Sauingen über ein eigenes „Sprützenhaus" verfügte, ist übrigens der Tatsache zu verdanken, dass eine Zusammenarbeit mit Üfingen und Bleckenstedt in Sachen Brandbekämpfung aufgrund der Kosten scheiterte. Die Nachbargemeinden verlangten eine zu hohe Miete für die Gerätschaft. Wenn man annimmt, dass „v.J." für *vorigen Jahres* steht, kann man davon ausgehen, dass das Erbauungsjahr in der Inschrift richtig angegeben ist, wenn auch die Frage der Bezahlung für das Bauwerk im genannten „Actum" offen bleibt.

„Im 19. Jahrhundert war die Schreibweise lange nicht so eindeutig, wie wir es heutzutage kennen."

Und der Abstand zwischen *ER* und *BAUET* auf der rechten Seite? Schon im antiken Rom wurden Punkte auf Inschriften verwendet, um Wörter voneinander zu trennen, dies diente der besseren Lesbarkeit und wird auch hier der Fall gewesen sein. Wieso also der Abstand? „Ein Blocksatz kann auch nicht die Absicht gewesen sein, also dass der Steinmetz versucht hat, durch die Lücke die Ränder aufeinander abzustimmen", sagt der Ortsheimatpfleger und deutet auf die ungleichmäßigen Zeilenenden.

Ob nun mangelnde orthografische Kenntnisse, künstlerische Freiheit oder ein Eingreifen des Fehlerteufels Verwirrung und Verwunderung stiftete: Was bleibt, ist auf jeden Fall ein Schmunzeln.

Mike Durlacher

So geht's zum Sprützenhaus:

Es befindet sich mitten auf dem Dorfplatz von Sauingen.

11

Sphinx

Den Kopf hat sie wieder – den Busen nicht

Dass die Sphinx keine Nase hat, weiß jedes Kind – zumindest jedes, das *Asterix und Obelix* liest. In Flachstöckheim geht's aber noch ein bisschen drastischer: Der dortigen Sphinx, die dem ägyptischen Original nachempfunden ist, fehlt nicht nur die Nase, sondern die linke Brust, und eine Zeit lang fehlte ihr sogar der Kopf! Als sie noch ein kleines Mädchen war, hat die Flachstöckheimerin Petra Strobach die Steinskulptur oft bedauert – weil sie so einsam im Park stand. Petra Strobach ist ausgesprochen häufig in den Park gekommen, um auf dem Fabelwesen zu reiten und ihm etwas Gesellschaft zu leisten. Als sie dann größer und schließlich erwachsen wurde, begann sie sich für die Geschichte dieser Sphinx zu interessieren.

„Die beginnt im Jahr 1718, als Charlotte Eleonore von Schwicheldt nach Erbstreitigkeiten das Anwesen in Flachstöckheim übernahm und beschloss, ein neues, repräsentatives Anwesen für sich und ihre Söhne zu errichten", beginnt Petra Strobach zu erzählen. Die Söhne standen der Mutter in nichts nach und bauten den Hof weiter aus. Während des Siebenjährigen Kriegs (1756-1763) schlug Prinz Heinrich von Preußen (1726-1802) sein Hauptquartier auf dem Gutshof auf. Der Prinz und Bruder von Friedrich dem Großen (1712-1786) befahl französischen Kriegsgefangenen, entsprechend dem Zeitgeschmack einen Barockgarten anlegen. Es wurden Skulpturen wie Steinvasen, Löwen und Sphinxen als Dekorationselemente aufgestellt. „In den darauffolgenden Jahren wurde der Garten immer wieder verändert und nach Westen erweitert. Wie viele Figuren es damals gegeben hat, kann man heute nicht mehr abschätzen", erzählt die Flachstöckheimerin, „aber bestimmt waren es mehr als die zwei Löwen und eine Sphinx, die heute im Park zu finden sind." Familie von Schwicheldt gestaltete um 1821 den Barockgarten in einen englischen Landschaftspark um. Mitte des 19. Jahrhunderts verließ die Familie das Gut: Sie kaufte in der Nähe

*Schon als kleines Mädchen ist Petra Strobach gerne
auf die Sphinx gestiegen.*

von Hildesheim das Schloss Söder und zog in dieses wesentlich repräsentativere Anwesen. Gut und Park wurden verpachtet.

1938 enteigneten die Reichswerke Hermann Göring das Gut und den Park. „Die Gebäude wurden nun zu Wohnungen umgebaut, in die die Bergarbeiter der benachbarten Grube Worthlah-Ohlendorf einzogen", beschreibt die Heimatkennerin die Veränderung. Gemäß dem Reichsnaturschutzgesetz sei der Park damals unter Landschaftsschutz gestellt worden. Und nun wurde die Familie der Steinskulpturen kleiner: Sphinxen, Löwen und Schwäne brachte man nach Schloss Söder, damit diese weiterhin im Besitz der Familie von Schwicheldt blieben. Zwei Löwen und eine Sphinx ließ man aber zurück – und die sahen einem düsteren Schicksal entgegen: „Sie wurden durch amerikanische Soldaten, die nach dem Zweiten Weltkrieg hier als Besatzungsmacht waren, quasi enthauptet", schildert Petra Strobach die Verwüstung. Und auch dem Park selbst habe diese Zeit nicht gutgetan. „Als 1952 die Wohnungs-AG Gutshof und Park übernahm, war von dem englischen Landschaftspark nicht mehr viel übrig."

Die Besatzungsmacht raubte der Schönen ihren Kopf. Wie unschwer zu erkennen ist, wurde selbiger inzwischen erneuert.

In der Nachkriegszeit hätten die Bewohner des Gutshofes den Park zum Anbau von Gemüse und zur Haltung von Hühnern und Kaninchen genutzt.

Doch dabei blieb es nicht: „Nun sollte er wieder in den ursprünglichen Zustand zurückversetzt werden. Die zerschlagenen Statuen wurden aufgesammelt und nach Braunschweig gebracht – die Steinbildhauerei Zerries baute sie so detailgetreu wie möglich nach", sagt Petra Strobach. Ein Vermerk aus dem Jahr 1948 gebe den Hinweis, dass „der Kopf des Löwen vom Sommertheater" sichergestellt werden konnte, hat sie herausgefunden. „Der Kopf des zweiten Löwen ist jedoch zerstört worden, es sind keine Reste mehr vorhanden." Und der Kopf der Sphinx? Der sei für den Bau eines Hühnerstalls verwendet worden, berichtet Petra Strobach kopfschüttelnd. „Der Parkwärter, Herr Pohl, hoffte den Kopf wieder herbeischaffen zu können. Da das nicht erfolgreich war, musste beim Kopf der Sphinx improvisiert werden. Man nutzt als Vorlage die Sphinxen, die in den Park von Schloss Söder gebracht worden waren." Doch kaum war der Schönen ihr Kopf wiedergegeben, wurde ihr die Brust abgeschlagen. Vandalismus eines Ungebildeten. Er wusste offenbar nicht, dass der echten Sphinx nur die Nase fehlt – abgeschlagen von Scheich Mohammed Saim-el-Dar im Jahre 1378, seines Zeichens ein Bilderstürmer. Die Flachstöckheimer Sphinx ist dann auch gleich von vornherein mit abgeschlagener Nase dargestellt. Hätte sie sie noch gehabt, sie hätte ihren steinernen Riecher sicherlich über das rüde Verhalten des Zerstörers gerümpft.

„Sie wurden durch amerikanische Soldaten, die nach dem Zweiten Weltkrieg hier als Besatzungsmacht waren, quasi enthauptet."

Eva-Maria Bast

....

So geht's zur Sphinx:

Sie steht im Gutspark Flachstöckheim im Treppenbereich. Der Park erstreckt sich zwischen dem Schwicheldtweg und An der Freilichtbühne.

Rolf Czauderna betrachtet den Ratskeller.

12

Ratskeller

Ein Gebäude – zwei Wirtschaften

„Ungünstig wäre eine nette Umschreibung", sagt Rolf Czauderna, Schriftführer des Bürgervereins Bad Salzgitter. Denn im heutigen Gebäude des Hotels „Ratskeller" befanden sich bis 1912 zwei Gastwirtschaften, der „Ratskeller" selbst und die „Reichshalle". „Das war nicht wirklich gut für das Geschäft", vermutet er. Man sagt zwar, dass Konkurrenz das Geschäft belebt, aber mit zwei Wirtsstuben im selben Haus nimmt man sich gegenseitig die Kunden weg. Doch wie kam es dazu? Um das zu erläutern, muss Rolf Czauderna weiter ausholen, denn die Anfänge des Ratskellers, des ältesten bestehenden Hauses in Salzgitter-Bad, liegen im 12. Jahrhundert.

Damals errichteten die Bürger es, um nicht nur die Einwohner des Ortes zu schützen, sondern auch das, was sie so reich machte: das Salz. Das trutzige Bauwerk war aus dicken Sandsteinquadern gebaut und konnte Angriffen gut standhalten. Das Erdgeschoss bestand aus einem langen Tonnengewölbe, von dem fünf weitere wegführten. Erst 1522 kam ein weiteres Stockwerk hinzu. „Bezahlt wurde das von der Brauergilde, die in den Gewölben dann ihr Bier schön kühl lagern konnte", berichtet Rolf Czauderna. Im oberen Geschoss bewahrten die Brauer den Hopfen auf. Auch die zwei Bürgermeister bekamen hier ihre Amtsräume und das Gebäude entwickelte sich zum Rathaus. Etwas mehr als 60 Jahre später errichtete die Brauergilde hinter dem Rathaus ein Brauhaus. Und weitere 200 Jahre später wurde die „Ratsschenke" angebaut, die erste Gastwirtschaft, die sich bis 1912 darin befand. Die unmittelbare Nähe zum Bier-Produktionsort war natürlich praktisch.

Schließlich kaufte ein Gastwirt namens Gehrmann am 6. September 1854 das Rathaus, die Amtsräume wurden in ein Haus am Bohlweg verlegt. Jetzt kam die zweite Gastwirtschaft in das mittlerweile zu einem Komplex verwachsene Gebäude.

Danach wechselten die Besitzer immer wieder – zumindest teilweise, denn einige Räume gehörten immer noch den Nachfahren und Erben der Brauergilde. Und diese betrieben hier ebenso wie die Besitzer des Ratskellers ihre Gastwirtschaft. Zumindest bis 1912, als es dem Besitzer Adolf Dähndel gelang, das gesamte Gebäude zu erwerben und damit der Doppelung ein Ende zu bereiten. Der große Saal im Ratskeller war übrigens auch der Gründungsort der „Reichswerke für Erzbergbau und Eisenhütten Hermann Göring AG" 1937, was Auswirkungen auf die gesamte Region hatte (siehe Geheimnis 31).

Die Gastwirtschaft erlebte immer wieder ein Auf und Ab, ist heute aber das erste Haus am Platz, und zwar mit nur *einem* Gastronomie- und Hotelleriebetrieb – dem Hotel Ratskeller.

Mike Durlacher

....

So geht's zum Ratskeller:

Der Ratskeller befindet sich am Marktplatz 10 und grenzt direkt an den Rosengarten und den Gradierpavillon an.

Dr. Jörg Leuschner und Dr. Jürgen Sonnemann an der von Ilse Becher 1963 geschaffenen Klesmerplastik.

13

Klesmerbrunnen

Wandermusikanten im Stadtzentrum

W er sich als Begleiter mit dem ehemaligen Stadtarchiv-, Museums- und Kulturamtsleiter von Salzgitter, Dr. Jörg Leuschner, im öffentlichen Raum der Stadt bewegt, muss sich damit abfinden, dass die Gespräche mit ihm ständig von freundlichen Grüßen vorbeigehender Bürger unterbrochen werden. Auch kurze „Klönschnacks" sind beliebt, in denen man sich nach der Befindlichkeit des geachteten Kulturmenschen erkundigt, denn man sieht ihn hier seit seiner Pensionierung weniger.

Am 1963 von Ilse Becher geschaffenen Klesmerbrunnen in Salzgitter-Bad wird er mit offensichtlicher Freude von Jürgen Sonnemann begrüßt, der zufällig über den Platz geht. Der Journalist zögert nicht lange, als er gebeten wird, sich neben Leuschner mit den beiden steinernen Musikanten ablichten zu lassen, denn, so erklärt Sonnemann mit einigem Stolz: „Ich bin geborener Salzgitteraner wie auch meine Vorfahren. Eine berühmte Klesmer-Kkapelle war nämlich die Damenkapelle Sonnemann, die im 19. Jahrhundert vor allem in Russland spielte. Es ist so gut wie ausgeschlossen, dass es bei dieser Namensgleichheit in einer Stadt von vielleicht 1.500 Einwohnern keine verwandtschaftlichen Beziehungen zwischen dieser Kapelle und meinen Vorfahren gab."

„Sind im 19. Jahrhundert die Klesmer aus Salzgitter in die weite Welt gezogen, so kommen jetzt unter dem Motto Die Welt zu Gast in Salzgitter Musiker aus der ganzen Welt hierher."

Salzgitter und Russland? Musikantengruppen, die Klesmer heißen? Das ist doch eine jüdische Musikrichtung und schreibt sich Klezmer? Und was hat das alles mit dem Brunnen zu tun? Fragen über Fragen – doch Jörg Leuschner weiß die Antworten.

Mit der ursprünglichen Klezmer-Musik jüdischen Ursprungs haben die Salzgitteraner Wandermusiker offensichtlich nichts zu tun. Der Verein „Die Klesmer e.V." erklärt: „Eines der wesentlichen Ziele unseres Musikvereins ist das Fortführen der Tradition der Wandermusikanten aus Salzgitter. Hierdurch ist auch unser Musikstil vorgegeben: obwohl es unser Name vermuten lässt, spielen wir keine ‚Klezmer-Musik' im Stil der südosteuropäischen Juden." Als Wandermusikanten seien Klesmer aus Salzgitter ursprünglich in die nähere, später auch in die weitere Umgebung gezogen, um zu musizieren, und hätten dabei „heimische" Musik dargeboten. „Je weiter sie sich von ihrer Heimat entfernten und je länger ihre Reisen dauerten, desto mehr haben sie sich von fremden Musikstilen inspirieren lassen. So kann auch nicht ausgeschlossen werden, dass einzelne salzgittersche Klesmer-Kapellen tatsächlich Klezmer-Musik gespielt haben; das dürfte nach den historischen Übermittlungen jedoch eher der Ausnahmefall gewesen sein", ist dem Internetauftritt des Vereins zu entnehmen.

Ziemlich sicher ist wohl, das die Salzgitteraner Klesmer ihren Namen aus dem Jiddischen übernommen haben, in dem *Klesmer* Musikant bedeutet – wie die Klesmer überhaupt auch in anderen soziokulturellen Randsprachen Anleihen machten und so eine – gerade bei Verhandlungen – nützliche Geheimsprache entwickelten.

Der Historiker Leuschner beginnt seine Schilderung mit der Vorgeschichte der Entstehung der Klesmer. Im 16. Jahrhundert fiel die Salzgitteraner Saline an den Herzog von Braunschweig-Wolfenbüttel, und 49 Salzkoten, also salzproduzierende Betriebe, verloren in der Folge ihre einträgliche Arbeit und mussten sich anderen Gewerben zuwenden, wie der Töpferei oder dem Zinngießen. Der Herzog nämlich machte die einträglichen Geschäfte mit dem Salz lieber selbst.

Schwierig wurde es auf dem Arbeitsmarkt in Salzgitter gegen Ende des 18. Jahrhunderts. Viele Menschen fanden keine Arbeit mehr; schlimmer noch wurde es dann im 19. Jahrhundert, als es in ganz Europa zu Missernten kam und die Auswanderungswellen begannen. In Salzgitter wandten sich einige Menschen der Musik als Erwerbsquelle zu, sodass um 1800 bereits zehn Kapellen namentlich bekannt waren, die besonders auf Hochzeiten und auf nahezu allen anderen Festivitäten mit Musik – neben dem Alkohol – für die nötige Stimmung sorgten.

Der Klesmerbrunnen in der Altstadt von Salzgitter-Bad.

Zunächst gab es kleine Ensembles, bestehend aus Harfe und Geige. Später bildeten sich größere Chöre, wie man die Kapellen auch nannte, mit bis zu 75 Musikern. Kapellen nur mit Männern oder mit Frauen waren ebenso üblich wie gemischte Chöre. Es war ein einträgliches Geschäft, und die Chöre bespielten nun bald ganz Norddeutschland,

Nordeuropa und schließlich wirklich die ganze Welt. Klesmer traten am Zarenhof und bei den Goldgräbern in Amerika auf und machten Stimmung auf unzähligen Festen in Sälen verschiedenster Güte auf fast allen Kontinenten. Jörg Leuschner erklärt: „Klesmer wurden auch für die Truppenbetreuung in verschiedenen Kriegen des 19. Jahrhunderts engagiert – und zwar oft von beiden Seiten." Auch waren sie durch ihre vielfältigen – oft risikoreichen – Übersee-Erfahrungen willkommene Berater für Auswanderer aus Deutschland.

Ende des 19. Jahrhunderts ging es mit den Klesmern bergab. Gasthäuser begnügten sich mit einem Klavierspieler, der natürlich billiger war als eine Kapelle. Und dann trat die mechanisch produzierte Musik ihren Siegeszug an. Die letzte Klesmer-Gruppe Flecks spielte mit Geige und Harfe in Salzgitter bis 1938.

Doch Salzgitter besann sich am Ende des letzten Jahrhunderts auf seine Klesmer-Tradition und es gelang, ein jährliches Klesmer-Festival zu etablieren. Das Motto dieses Musikfestes ist quasi eine Umkehrung der früheren Verhältnisse, so wie es Leuschner treffend beschreibt: „Sind im 19. Jahrhundert die Klesmer aus Salzgitter in die weite Welt gezogen, so kommen jetzt unter dem Motto *Die Welt zu Gast in Salzgitter* Musiker aus der ganzen Welt hierher."

Ein schöner, ein wegweisender Erfolg im Bemühen um ein vernünftiges, kultur- und lustbetontes Zusammenleben der Menschen, welcher Herkunft auch immer! Gerade unter diesem Aspekt könnte die Industrie- und Mobilitätsstadt Salzgitter mit ihrem reichen historischen Erbe ein Modell für die Zukunft sein.

Georg Ruppelt

So geht's zum Klesmerbrunnen:

Der Klesmerbrunnen befindet sich im Zentrum von Salzgitter-Bad im Bereich der Fußgängerzone in der Mitte des Klesmerplatzes.

Roter Schornstein

Die Konservenfabrik von Ernst Herrmann

Man kann jahrelang in Salzgitter-Bad leben, ohne dass einem der Schornstein aus roten Backsteinen auffällt. Aber wenn man ihn dann einmal entdeckt hat, ist es schwer, durch die Innenstadt zu gehen, ohne dass man das Bauwerk sieht. Plötzlich ist es da. Egal aus welcher Ecke man auf den Bohlweg blickt, ständig taucht der Schlot über den Dächern der oftmals niedrigen Fachwerkhäuser auf. Und er steht dort schon so lange: Er wurde nämlich im Jahr 1940 erbaut. Aber warum? Das hängt mit einer Konservenfabrik zusammen, zu der er gehörte.

Ortsheimatpfleger Hans-Georg Knöß erinnert sich noch genau, wie ihm seine Großmutter von der Konservenfabrik erzählt hat. Damals, in den 1940er-Jahren, hätten rund um das Fabrikgelände am Bohlweg Nummer 9 auch viele Nachbarn mitgeholfen, die Erbsen zu puhlen: „Das gab natürlich ein bisschen Geld." Insbesondere während des Zweiten Weltkriegs war die Fabrik gut ausgelastet. Produziert wurde da aber bereits seit Jahrzehnten: Erbsen, Karotten, Bohnen – was die fruchtbaren Felder der Umgebung hergaben, hat Ernst Herrmann (1861-1926) in seiner Fabrik verarbeitet.

Die Familie Herrmann war technisch begabt: Schon Vater Eduard Herrmann (geboren 1834) führte eine Klempnerei in der Salzstadt. Sohn Eduard Junior (1866-1936) übernahm diese zunächst. Ernst Herrmann allerdings erkannte den Lauf der Zeit und gründete im Jahr 1905 die „Ernst Herrmann Konservenfabrik Bad Salzgitter". Denn obwohl die Konservendose aus Metall bereits im Jahr 1810 vom Briten Peter Durand erfunden worden war, dauerte es noch rund 100 Jahre, bis die Produktion der Dosen so weit automatisiert war, dass sie für die Bevölkerung genutzt werden konnte. Dann aber gab es kein Halten mehr – haltbares Obst und Gemüse war in aller Munde, wortwörtlich.

Ernst Herrmann sprang auf den Zug auf und machte Lebensmittel für die Menschen haltbar. „Die Dosen wurden landesweit verkauft",

Hat man den Schornstein einmal gesehen, fällt er einem immer wieder ins Auge. Das Bauwerk gehörte früher zu einer Kesselanlage der Konservenfabrik.

sagt Knöß. Und die Herrmanns machten daraus ein Familien-Business: Eduard ließ das Klempnern nämlich hinter sich und fertigte fortan die Dosen für seinen großen Bruder an. Ein paar Meter Luftlinie entfernt, an der Ecke zur Liebenhaller Straße – heute befindet sich in dem Gebäude ein Café –, wurde laut Knöß produziert. „Die Dosen hat Eduard dort aus Blechen ausgestanzt",

„Die Dosen wurden landesweit verkauft." berichtet der Ortsheimatpfleger.

Der Schornstein selbst wurde erst im Jahr 1940 gebaut, als die Konservenfabrik eine neue Kesselanlage erhielt. Ernst Herrmann war zu diesem Zeitpunkt bereits gestorben, sein Schwiegersohn Kurt Jahns leitete die Geschäfte bis zum Ende: 1965 wurde die Fabrik am Bohlweg geschlossen. Warum der Schornstein heute immer noch steht? „Da hat sich einfach niemand gekümmert", sagt Knöß. Mal schauen, wie lange das Bauwerk die Kulisse der Innenstadt noch weiter bereichert. Denn wenn man den Schornstein einmal gesehen hat, möchte man ihn ja doch nicht mehr missen. Er gehört einfach dazu.

Valea Schweiger

So geht's zum Roten Schornstein:

Wer vom Südwall in die Bismarckstraße einbiegt, passiert rechter Hand einen kleinen Parkplatz. Von dort aus ist der Schornstein gut zu sehen.

Reinhard Obst an der Gedenkstätte,
an der die Kreuze wechselten.

15

Kreuz

Ort mit mahnendem Charakter

Besondere Orte in der Natur waren schon immer Anziehungs-punkt für Menschen – sei es eine Quelle, eine Höhle oder der Gipfel eines exponierten Hügels. Solch ein besonderer Ort ist die „Salzgitter Kanzel", die etwas terrassiert am Hang auf den Lichtenberger Höhen unterhalb der Burg Lichtenberg liegt (siehe Geheimnis 31). Etwas hinter der Kanzel befindet sich ein gekiester, halbrunder Platz, auf dem ein großes Holzkreuz steht sowie drei mäch-tige Steine mit Metalltafeln darauf. Doch dieser Platz sah nicht immer so aus: Er wurde einst von den Nationalsozialisten für ihre Zwecke missbraucht.

„Hier stand schon 1933 ein Kreuz", erzählt Ortsheimatpfleger Reinhard Obst, als er sich von der Aussicht abwendet und in Richtung des Berges blickt. Gewidmet war es Albert Leo Schlageter (1894-1923), einem von den Nationalsozialisten zum Märtyrer erklärten Saboteur. Dieser nahm unter anderem am ersten Reichsparteitag der NSDAP in München im Januar 1923 teil.

Zur selben Zeit marschierten französische Verbände aufgrund von Lieferrückständen bei den Reparationszahlungen gemäß dem Versailler Vertrag in das Ruhrgebiet ein. Dies nahm Schlageter zum Anlass, Sabotageakte in dem besetzten Gebiet zu verüben. Am 7. April 1923 wurde er gefasst, von einem französischen Militärgericht verurteilt und am 7. Mai zum Tode verurteilt und erschossen. Die Nationalsozialisten verklärten ihn zum „ersten Soldaten des Dritten Reiches", wie er in Otto Pausts „Lied vom ‚Verlorenen Haufen'" heroisiert wird. Deutschlandweit wurden in der Weimarer Republik so genannte Schlageterkreuze in Erinnerung an diesen „Helden" errichtet, so auch am 13. August 1933 bei der Kanzel bei Lichtenberg. Die Braunschweiger Tageszeitung vom 15. August 1933 berichtete: „Die Standartenkapelle rückt heran. Ihr folgen die Amtswalter und nehmen im offenen Geviert am Schlageterkreuz Aufstellung.

Mahnende Worte wider das Vergessen.

Wuchtig klingt der Choral: ‚Wir treten zum Beten' über die nach Tausenden zählende Menge und voller Sehnsucht flattern die Akkorde über deutschen Heimatboden: ‚Herr mach uns frei'".

Als mit dem Ende des Zweiten Weltkriegs das Nazi-Regime zu Fall gebracht wurde, zerstörten amerikanische Panzer im Zuge der Entnazifizierung auch das Schlageterkreuz. An derselben Stelle errichtete der Heimkehrerverband im Sommer 1953 ein schlichtes Holzkreuz, das während eines Feldgottesdienstes eingeweiht wurde. „Der Verein kümmerte sich um die aus der Kriegsgefangenschaft heimkehrenden Soldaten und deren Angehörige und setzte sich für Frieden und Freiheit ein", erklärt Obst die Tätigkeit des Vereins. Zu seinem 25-jährigen Bestehen wurde am 31. Mai 1975 ein neues Holzkreuz aufgestellt, das alte war mittlerweile verwittert und unansehnlich geworden. Auch wurde eine Gedenktafel mit der Inschrift *Wir vergessen euch nicht* angebracht.

Eine weitere mahnende Funktion des Ortes kam 1994 hinzu, genauer: am 11. Juni, als hier eine Stätte zum Gedenken an die Opfer der politischen Gewaltherrschaft in der Sowjetischen Besatzungszone und der DDR eingeweiht wurde. Sie fiel mehrere Male dem Vandalismus zum Opfer, etwa am 6. Oktober 1997, als eine hier auf einer Tafel angebrachte Chronik zerstört wurde. Noch vor Jahresende wurde sogar einer der Gedenkpfeiler von Unbekannten gesprengt.

Heute finden sich drei Tafeln unterhalb des Holzkreuzes bei der Salzgitter-Kanzel. Auf der linken ist zu lesen: *Zum Gedenken der Opfer des Stalinismus-Kommunismus 1945 1989.* Auf der mittleren steht: *Wir vergessen Euch nicht.* Und schließlich auf der rechten Tafel: *Straflager der politischen Häftlinge 1945-1989. Bautzen, Brandenburg, Buchenwald, Fünfeichen, Halle, Hoheneck, Jamlitz, Mühlberg, Sachsenhausen, Torgau, Waldheim, Ketschendorf.* Ein Hinweis zur Zerstörung der ersten Chronik fügt sich ein: *Wir, die Überlebenden der Gewaltherrschaft von Stalinismus-Kommunismus denken, daß durch Diebstahl, Zerstörung und Verunreinigung geschehenes Unrecht nicht ungeschehen gemacht werden kann. Jeder bilde sich sein eigenes Urteil!*

Von der Heroisierung eines Nazi-Märtyrers zur Gedenkstätte gegen den Krieg und ideologiegeladene Gewaltherrschaft. Dieser Ort hat eine wechselvolle Geschichte.

Mike Durlacher

....

So geht's zum Kreuz:

Der Burgbergstraße in Lichtenberg hinauf in Richtung der Burg folgen und am Parkplatz Lichtenberg halten. Gegenüber, auf der anderen Seite der Straße, befindet sich das Kreuz und auch die Gedenktafeln.

16

Hubertusdame

Das große Geheimnis einer kleinen Figur

Friedhöfe haben, zumal wenn sie alt sind, immer etwas Geheimnisvolles an sich, und sie sprechen jeden Menschen, der ein Minimum an Empfindung besitzt, auf jeweils andere Weise an. Für den Vöppstedter Friedhof in Salzgitter-Bad trifft dies auf besondere Weise zu, denn er ist zugleich Kulturdenkmal und Erinnerungsstätte. „Niemand geht unbelohnt über die Friedhofserde; diese Schollen kühlen die Leidenschaften und erwärmen die Herzen, und nicht allein des Todes Frieden steht auf den Blumenhügeln geschrieben, sondern auch des Lebens Wert", stellte im 19. Jahrhundert der Schriftsteller Peter Rosegger fest. An diesem altehrwürdigen Platz wird all das von einem Stein symbolisch gefasst, dem „Hubertusstein", der Rätsel aufgibt.

Wer wäre besser geeignet, die Geschichte des Vöppstedter Friedhofs zu umreißen, als Ursula Wolff, die Leiterin des Stadtarchivs Salzgitter? Sie erläutert, dass der einstmals vor den Toren Salzgitters, heute nahe dem Zentrum Salzgitter-Bads gelegene Friedhof seit 1886 nicht mehr belegt worden sei. Bevor sie kurz die Geschichte des Friedhofs umreißt, gönnt sie dem bedeutenden Heimatforscher Franz Zobel (1889–1963) das Wort. Zobel hat 1929 den Friedhof auf eine poetische Weise beschrieben, die unserer Zeit fremd, aber vielleicht gerade deswegen diesem Friedhof besonders angemessen ist:

„Vor dem Vöppstedter Tor der Stadt Salzgitter liegt ein stiller Garten des Todes: Der Vöppstedter Friedhof. Der Lärm des Tages kümmert sich nicht um ihn, und die, die seine stillen Schläfer dermaleinst gekannt haben, ruhen selbst schon wieder in der neuen Umfriedigung im Voepsacker", schrieb Zobel. Darum seien seine Gräber vergessen, seine Kreuze und Steine verwittert, die Namen mit grünem Moos verwaschen, aber sie schlummerten gut dort, diese vergessenen Bürger und die Herren Cleve und von Unger, die einst für die Welfen die Saline verwalteten. „Über ihre Grabsteine streuen uralte, anderswo schon

Stadtarchivarin Ursula Wolff neben dem geheimnisvollen
Stein im Vöppstedter Friedhof.

längst gewichene Kräuter ihre blauen, roten und weißen Blüten, über ihnen rauschen mächtige Bäume, die der fleißige Gärtner Wind pflanzte, ihnen singen ungezählte Vögel tröstliche Lieder von ausgekämpfter Not, überstandenem Leid und stille gewordenem Sehnen. Fernab gehen die rastlosen dunklen und hellen Stunden", schließt Zobel.

Nach dieser poetischen Annäherung ergänzt die Stadtarchivarin die Fakten: „Die Kirche, die der Friedhof umrahmt, hat eine wechselvolle Geschichte. Sie wurde erstmals im 12. Jahrhundert als Jakobus-Kirche erwähnt und stand inmitten des Dorfes Vöppstedt, dessen Bewohner im 14. Jahrhundert in das nahe Salzgitter umzogen, die Kirche und den Friedhof aber weiter nutzten."

In den folgenden Jahrhunderten sei die Kirche mehrfach in kriegerischen Auseinandersetzungen zerstört und wiederaufgebaut worden. Bis 1806 diente sie als Begräbniskapelle.

„Seit 1807 wurde sie von den französischen Besatzern als Militärgefängnis genutzt. Nach der Franzosenzeit verfiel die Kapelle", fährt die Stadtarchivarin fort. 1924 musste der Dachstuhl abgetragen werden. „1967 führte man die Kirchenruine einem angemessenen Zweck zu, indem man sie zu einer Gedenkstätte für die Opfer von Krieg und Gewalt ausbaute. Das Ensemble von Kirche und Friedhof stellt heute einen bedeutenden Erinnerungsort nicht nur für die Geschichte Salzgitters dar", erläutert sie.

Relief mit etwa sieben Zentimeter hoher Dame im Hirschgeweih.

Betritt man den Friedhof von Westen her durch das „Garßentor", einen Renaissance-Torbogen aus Sandstein, der aus dem Garßenhof in Gitter hierher versetzt wurde (siehe Geheimnis 23), hat man einen guten Überblick über die gesamte Friedhofsanlage und ihre Gebäude. Schreitet man nun etwa 20 Meter auf dem Weg zur Kirchenruine vorwärts, findet man mühelos rechterhand den so genannten „Hubertusstein", der vermutlich Anfang des 19. Jahrhunderts hier aufgestellt wurde. Keine Inschrift ist auf ihm zu entdecken, nur ein Relief, das in der Mitte dominiert wird von einem Hirsch mit mächtigem Geweih. Im unteren Bereich finden sich militärische Utensilien wie Fahnen, Schwerter, Satteltaschen und Geschosskugeln. Heimatforscher Franz Zobel vermutete 1929, dass der Stein zur Erinnerung an sieben preußische Jägeroffiziere errichtet worden sei, die im Siebenjährigen Krieg (1756–1763) hier den Tod gefunden hatten. Nach anderer Ansicht wurde der Stein zur „Franzosenzeit", also zu Anfang des 19. Jahrhunderts hier errichtet.

Doch warum „Hubertusstein"? Die Legende vom heiligen Hubertus erzählt, wie dieser als junger Adliger auf der Jagd einem Hirsch begegnet sei, der ein Kreuz im Geweih getragen habe. Hubertus wurde durch diese Erscheinung zum Christentum bekehrt und später Bischof. Eine bedeutende Hubertusgrotte aus dem 18. Jahrhundert findet sich übrigens wenige Kilometer von Salzgitter-Bad entfernt unterhalb des Jagdschlosses Jägerhaus in den Hainbergen; an zwei Reliefs kann man dort den Hirsch mit Kreuz aus der Legende betrachten.

Schaut man sich das Relief auf dem so genannten Hubertusstein im Vöppstedter Friedhof aus unmittelbarer Nähe an, so wird aus dem von Ferne kreuzartig erscheinenden Gebilde eine Frauengestalt im Faltenkleid und mit deutlich ausgeprägten weiblichen Formen. Kein Kreuz im Geweih also, sondern eine Frau, wohl eher eine Dame! Was aber bedeutet diese Kombination? Worauf spielt sie an? Was symbolisiert sie? Trotz vieler Recherchen konnte kein vergleichbares Motiv in der Kunstgeschichte gefunden werden. So wird die Hubertusdame wohl für immer ein Geheimnis bleiben.

Georg Ruppelt

So geht's zur Hubertusdame:

Der Friedhof befindet sich im Vöppstedter Weg. Vom Garßentor aus sind es nur wenige Schritte bis zum Grabmal mit der Hubertusdame.

17

Balkenbeschriftung
Längst vergangene Erziehungsmethoden

Nur wer gehorchen gelernt hat, kann später auch befehlen. Es ist eine denkwürdige Inschrift, die da an einem Eichenfachwerk-Erker der Ziesberg-Schule prangt. Eine pädagogische Haltung, mit der sich heute (hoffentlich) niemand mehr identifizieren dürfte. Doch verrät die Jahreszahl über der Inschrift, dass sie in einer Zeit entstanden ist, in die sie tatsächlich passte: *1940* zur Zeit des Nationalsozialismus, im Zweiten Weltkrieg. Maike Weth, Mitarbeiterin beim Arbeitskreis Stadtgeschichte e.V., weist noch auf eine andere Inschrift hin: *Viel leisten, wenig hervortreten. Mehr Sein als Scheinen.*

Doch bleiben wir zunächst bei der ersten Inschrift. Auch der Buchautor Peter Hessel kennt sie und schreibt in seiner *Erinnerung an eine unheilvolle Erziehung:* „Ich bin gewohnt, Befehlen zu gehorchen. Im Jungvolk wie auch in der Schule. Ich lerne und verstehe den Grundsatz, den Feldmarschall Paul von Hindenburg ausgesprochen hat: ‚Nur wer gehorchen gelernt hat, kann später auch befehlen.‘ So darf man zum Beispiel einem Lehrer niemals widersprechen. Das wäre eine Frechheit und würde zu Recht bestraft. In der Schule können wir für alle möglichen Vergehen schwere Strafen erwarten. Viele Lehrer schlagen mit dem Rohrstock, einem hölzernen Lineal oder einfach mit der offenen Hand, mit den Knöcheln oder mit der Faust."

Die zweite Inschrift stammt aus der Feder des Generalstabchefs Alfred Graf von Schlieffen (1833-1913), der posthum durch den Schlieffenplan Berühmtheit erlangte. Sein Plan sah vor, dass das deutsche Heer, sollte es zu einem Zweifrontenkrieg gegen Frankreich und Russland kommen, erst Frankreich in einem Überraschungsangriff überrennen und dann die an der Westfront nicht mehr benötigten Truppen an die Ostfront verlegen sollte. Die Umsetzung seines – leicht veränderten – Plans bekam Schlieffen nicht mehr mit: Er starb ein Jahr vor Ausbruch des Ersten Weltkriegs. Und der Plan ging auch nicht auf:

Maike Weth weiß, warum diese sonderbare Erziehungsmaxime
als Inschrift an der Grundschule zu finden ist.

Stattdessen standen sich Franzosen und Deutsche in einem jahrelangen Stellungskrieg gegenüber. Sebastian Haffner zählte in seinem Buch *Geschichte eines Deutschen* den Schlieffen-Plan zu den sieben Todsünden des Deutschen Reiches im Ersten Weltkrieg.

Die Schule wurde mitten im Zweiten Weltkrieg gebaut, weil die Reichswerke Hermann-Göring errichtet worden waren und Zehntausende Arbeiter mit ihren Familien in die Gegend zogen. „Sie hieß zu der Zeit, aus der die Inschriften stammen, übrigens August-Sievert-Schule", erklärt Maike Weth. „August Sievert war ein SA-Angehöriger, der bei einem Straßenkampf ums Leben gekommen ist." Alle Straßenzüge um die Schule herum seien im Zweiten Weltkrieg nach SA-Angehörigen aus der Region benannt gewesen. „Man hat

„Man hat diese Leute als Helden dargestellt, indem man ganze Straßen nach ihnen benannt hat. Viele sind in Straßenkämpfen, meist mit KPD-Angehörigen, ums Leben gekommen."

diese Leute als Helden dargestellt, indem man ganze Straßen nach ihnen benannt hat. Viele sind in Straßenkämpfen, meist mit KPD-Angehörigen, ums Leben gekommen." Die junge Historikerin weist auch auf den großen Platz vor der Schule hin: „Heute bemerkt man das nicht mehr so sehr wegen den vielen hohen Bäumen. Aber es gibt noch ältere Bilder, die ganz deutlich zeigen, dass das ein großer Platz war. Solche Plätze sind in der ganzen Siedlung zu finden – das war explizit so geplant, damit hier Aufmärsche und Parteiversammlungen stattfinden konnten."

Die Straßen wurden umbenannt, die Inschriften blieben: „Man hat darüber nachgedacht, sie zu entfernen", sagt Maike Weth. „Aber dann hat man sich entschieden, sie als Mahnmal stehen zu lassen."

Eva-Maria Bast

....

So geht's zur Balkenbeschriftung:

Sie befindet sich an der Fassade der Grundschule Am Ziesberg in Salzgitter-Bad. Die Adresse ist: Hagenstraße 33-41.

Drei Stufen, über die schon die Familienmitglieder der Kleeblatts gegangen sind.

18

Sandsteinstufen

Die Familiengeschichte der Kleeblatts

D rei unscheinbare Sandsteinstufen. Damals wie heute führen sie in ein Geschäft hinein. Heute kommen die Salderaner in den Gänsebleek, um sich die Haare schneiden, waschen und föhnen zu lassen. Doch was kaum noch einer weiß: Vor dem Zweiten Weltkrieg gab es dort in dem Haus, zu dem die Sandsteinstufen gehören, die feinsten Stoffe zu kaufen.

Das Gebäude mit seiner kleinen Treppe ist alles, was in Salder von der jüdischen Familie Kleeblatt geblieben ist. Die Kleeblatts, das war einmal eine geachtete und erfolgreiche Kaufmannsfamilie – bis die Nationalsozialisten kamen. Bis zum Jahr 1935 lebte die Familie im Ort, dann musste sie Salder verlassen. Am Ende überlebten Gretel (1909-2004) und Walter Kleeblatt (geb. 1902), die es

„Die Gifhorns hielten auch später noch zu den Kleeblatts."

schafften, 1938 in die USA auszuwandern. Die Amerikanerin Dena Rue Romero erhielt 2004, nachdem Gretel Kleeblatt 94-jährig verstorben war, den Nachlass ihrer Großtante. Gemeinsam mit Bernhild Vogel aus Braunschweig hat Rue Romero die Lebensgeschichte der Kleeblatts recherchiert und aufgeschrieben: *Gretels Alben* heißt der Essay. Darin ist zu lesen, dass 1894 ein gewisser Salomon Kleeblatt das Grundstück an der Fuhse kaufte. Der Jude war Ende des 19. Jahrhunderts nach Salder gekommen, gemeinsam mit seiner Schwester Henriette. Die Geschwister mieteten eine kleine Wohnung in der Bahnhofstraße und funktionierten das Wohnzimmer in einen Verkaufsraum um: Die Salderaner konnten dort Stoffe und Nähartikel kaufen, und das taten sie auch! Die Kleeblatts verheirateten sich überkreuz mit den Geschwistern Isaak und Helene Alexander. Fortan betrieb man die Geschäfte gemeinsam. Die Männer zogen übers Land, die Frauen kümmerten sich um das Geschäft in Salder.

1894 errichteten die Schwäger gemeinsam ein großes Geschäftshaus – es war das erste und größte in der neuen Verbindungsstraße zwischen dem damaligen Lichtenberger Weg, der heutigen Dammstraße, der Post und dem Bahnhof: Unten war der Laden, oben der Wohnraum mit genügend Platz für alle Familienmitglieder. Das alte Wohn- und Geschäftshaus trägt heute eine moderne Fassade, Anfang des 20. Jahrhunderts war es mit Schiefer verkleidet. Zu den Kleeblatts und den Alexanders gesellten sich später noch zwei Adoptivsöhne der Alexanders, die Gutheims, um die Geschäfte zu führen. Es war ein Aufstieg, der nicht unbeachtet blieb – und möglicherweise auch Neid erzeugte. So zitiert der Salzgitteraner Reinhard Försterling in einem Beitrag über *Salder im nationalsozialistischen Deutschland (1933-1945)* den damaligen Pastor Münster aus der Kirchenchronik Salder:

„In aller Stille hatten sie ihren Handel zu einem richtigen Kaufhause entwickelt."

Gab es zu Anfang lediglich Stoffe und Tücher zu kaufen, wurde das Sortiment in den kommenden Jahren erweitert: Bettwäsche, Gardinen und Kurzwaren lagen in den Regalen, später funktionierte die Kaufmannsfamilie den alten Pferdestall in eine Federbettreinigung um. Salder war damals, in der ersten Hälfte des 20. Jahrhunderts, ein äußerst lebendiger kleiner Ort. „Das Dorf war der Mittelpunkt des Gebiets", erläutert Ortsheimatpflegerin Renate Vanis. „Es gab ein Amtsgericht, das kaiserliche Postamt, einen Bahnhof. Bis zum Zweiten Weltkrieg existierten in Salder zwischen 50 und 60 Handwerksbetriebe und Geschäfte."

Die jüdische Familie hatte in dem Dorf ihr Zuhause gefunden. Die Geschäfte liefen gut, und auch gesellschaftlich waren die einzelnen Familienmitglieder in das tägliche Leben eingebunden. Die Kleeblatts hatten treue Freunde im Ort – zum Beispiel die Familie des Schmiedemeisters Giffhorn. „Die hielten auch später noch zu den Kleeblatts", sagt Renate Vanis. Viele Nachbarn gingen auch im Geschäftshaus ein und aus, um das Telefon der Familie zu benutzen: Schließlich war es Ende der 1920er-Jahre durchaus etwas Besonderes, einen solchen Apparat zu besitzen.

Heute hat das ehemalige Wohnhaus eine moderne Fassade. Ob darunter noch der alte Schiefer sitzt?

Und die Kleeblatts hielten zusammen. Als erst Salomon starb (1917) und kurz darauf auch sein Schwager Isaak Alexander (1918), übernahm sein Adoptivsohn Julius Gutheim die Geschäfte gemeinsam mit Helene Kleeblatt und deren Sohn Walter Kleeblatt.

Es waren alles in allem wohl gute Jahre für die Salderaner Familie. Bis 1933. Mit der Machtübernahme Adolf Hitlers begann der Niedergang der Kleeblatts. Die Kunden wurden daran gehindert, den Laden zu betreten, Rechnungen blieben unbezahlt, Walter Kleeblatt wurde von Nazis verprügelt.

Ab 1935 betrat wohl kein Kunde mehr das Geschäft. Julius Gutheim verteilte daraufhin Werbezettel, auf denen Kunden angeboten wurde, sie aus Braunschweig mit dem Auto abzuholen. Für diese „anreißerische Reklame", so schreibt es Reinhard Försterling, wurde die Familie vom Amtsgericht Salder zu einer Geldstrafe in Höhe von 75 Reichsmark verurteilt. Die einst wohlhabende Familie konnte das Geld nur noch in Raten zahlen, wie Försterling weiter berichtet.

„Das Dorf war der Mittelpunkt des Gebiets."

Ende 1935 mussten die Kleeblatts ihr Geschäft aufgeben, verließen den Ort und verstreuten sich in alle Himmelsrichtungen. Nur drei Familienmitglieder überlebten, wie eingangs erwähnt, den Zweiten Weltkrieg: Gretel und Walter Kleeblatt und ein Neffe. Ein Großteil der Salderaner Familie aber starb in den Konzentrationslagern der Nazis. Heute sind die Kleeblatts in Salder fast vergessen. Aber eben nur fast.

Valea Schweiger

So geht's zu den Sandsteinstufen:

Das ehemalige Wohnhaus von Familie Kleeblatt liegt am Anfang der Straße Gänsebleek, Nummer 13, mitten in Salder.

Mammut und Urwildpferd. Fresko am Haus Reppnersche Straße 6.

19

Tierfresken

Neandertaler saisonal auf Mammutjagd

Wer im Norden von Salzgitter-Lebenstedt den Pappelweg oder die Reppnersche Straße entlanggeht, erwartet nicht unbedingt touristische Attraktionen oder architektonische Schmuckstücke. Umso mehr wird er überrascht sein, wenn er an zwei der Mehrfamilienhäuser aus den 50er-Jahren des vergangenen Jahrhunderts in etwa fünf bis sechs Metern Höhe hübsch anzuschauende, farbige Fresken ebenfalls im Stil der 50er-Jahre entdeckt, auf denen Tiere abgebildet sind. Es sind prähistorische Tiere, die es lebend nicht mehr gibt. Und damit der Unkundige erfährt, um welche es sich handelt, ist auf dem einen Kunstwerk *Mammut* und *Urwildpferd*, auf dem zweiten *Fellnashorn* zu lesen.

Was aber haben diese vorgeschichtlichen Lebewesen mit einer Wohnsiedlung aus der Nachkriegszeit zu tun? Kompetente Auskunft darüber gibt die studierte Archäologin Christine Kellner-Depner, Kustodin im Städtischen Museum Schloss Salder für eben dieses Fachgebiet. Von der Archäologie ist sie nach wie vor begeistert. Doch auch in der Museumspädagogik, die in Salder groß geschrieben wird, engagiert sie sich gern. Die Fresken verweisen auf die nahegelegene Dauerausstellung im Schlossgebäude und seinem Außenbereich. Hier erzählt und erläutert Christine Kellner-Depner die Geschichte eines sensationellen, weltweit Aufsehen erregenden Fundes im Jahr 1952 in Abschnitt VI, so die frühere Bezeichnung der Ortsteile von Lebenstedt.

„Knochen eiszeitlicher Tiere – darunter auch vom Mammut – sind in Salzgitter von verschiedenen Fundstellen und diversen Fundzusammenhängen bekannt", sagt Kellner-Depner (siehe Geheimnis 35). „Bei der Anlage des Salzgittersees etwa holten die Greifbagger 1.000 eiszeitliche Tierknochen aus der Tiefe. Einige finden sich in der Dauerausstellung im Gewölbekeller, die meisten lagern heute im Depot des Museums Schloss Salder." Und dann kommt die Archäologin zur Sensation von 1952: „Während einer Wärmeschwankung in der letzten Eiszeit, ungefähr von 115.000 bis 12.500 vor Christus, hatten Neandertaler an der Einmündung des kleinen Baches Krähenriede ein Lager aufgeschlagen. Es lag im Schutze der damals viel höheren Talhänge in unmittelbarer Nähe des Baches. Diese günstige naturräumliche

Christine Kellner-Depner im Eiszeitgarten des Museums Schloss Salder, neben einer riesigen Mammutplastik.

Situation, verbunden mit der Lage direkt über einem Salzstock, zog gleichermaßen Tiere und Menschen an. Wahrscheinlich wurde dieser

Platz mehrfach jeweils im Spätsommer aufgesucht. Von hier aus ließ sich der Zug der Herden beobachten und die Jagd organisieren."

Die Freilandstation, also das saisonale Jägerlager von Salzgitter-Lebenstedt an der Krähenriede, wurde 1952 beim Bau für eine neue Kläranlage entdeckt. Unter großen technischen wie finanziellen Schwierigkeiten wurde eine archäologische Ausgrabung unter Beteiligung von Geologen, Botanikern und Zoologen durchgeführt.

Christine Kellner-Depner erklärt weiter: „Viele Erkenntnisse im Detail verdanken wir noch heute der für damalige Verhältnisse vorbildlichen und zukunftsweisenden Arbeitsweise unter Leitung von Dr. Alfred Tode. Eine Fortsetzung erfuhr die Erforschung der Altsteinzeit in Salzgitter im Jahre 1977, als eine weitere Grabungskampagne erfolgte. Der Nachweis der Massenjagd auf Rentiere, die zweckbestimmte Verwendung von Mammutknochen für die Herstellung von Waffen und Geräten sowie die Arbeitsschrittanalyse für die Herstellung von Feuersteingeräten offenbaren den Neandertaler als flexiblen und zielorientiert handelnden Menschen."

Das Museum Schloss Salder würdigt nicht nur in seiner archäologischen Dauerausstellung diesen für die Stadtgeschichte so wichtigen und einzigartigen Fundplatz. Im Außenbereich des Museumsgeländes ist der Eiszeitgarten entstanden, der die Situation vor 50.000 Jahren direkt erlebbar machen soll. Aufgrund von Pflanzenfunden versucht man hier, die eiszeitliche Umweltsituation nachzuempfinden. Stein- und Knochenbearbeitung oder Feuerherstellung – wie zur Zeit der Neandertaler – ist in diesem Außenbereich möglich.

Im Eiszeitgarten befindet sich auch eine zwei Meter große Mammutplastik sowie eine Mammutfährte, die den Garten durchquert. Christine Kellner-Depner berichtet, wie besonders Kinder vom Leben und Aussterben der Mammuts fasziniert sind, die sie aus Büchern oder den Ice-Age-Filmen kennen. Ein Erlebnis ist es für sie auch, wenn sie einen der schweren Mammut-Backenzähne anheben dürfen.

Kellner-Depner weiß aber auch von den ungeheuren finanziellen Schwierigkeiten zu erzählen, mit denen die Ausgräber 1952 zu kämpfen hatten. Erst im Januar 1951 wurde die Demontage des Hüttenwerkes beendet und die Stadt Salzgitter war bitterarm (siehe Geheimnis 21). Mit Unterstützung der Deutschen Forschungsgemeinschaft, des

Landes Niedersachsen und einer Reihe von Privatpersonen konnten schließlich die archäologischen Zeugnisse freigelegt und gesichert werden.

Der Fund war sensationell und hat für die Forschung bis heute große Bedeutung. Man konnte rund 840 Feuersteinartefakte und etwa 50.000 Jahre altes Knochen- und Pflanzenmaterial sichern. Darunter fanden sich Reste von mindestens 16 Mammutindividuen, dazu Überreste von mindestens 86 Rentieren – sowie die zwei damals nördlichsten Knochenfragmente von Neandertalern.

„Wahrscheinlich wurde dieser Platz mehrfach jeweils im Spätsommer aufgesucht. Von hier aus ließ sich der Zug der Herden beobachten und die Jagd organisieren."

Bei der Bevölkerung stieß das Vorhaben auf größtes Interesse. Christine Kellner-Depner erinnert sich: „Täglich besuchten mehrere 100 Interessierte und Schaulustige die Ausgrabung. Die Kraftverkehrsgesellschaft hatte eine Haltestelle eingerichtet, die immer wieder neue Namen bekam: Zur Ausgrabung, Zum Neandertaler oder Zu den alten Knochen." Heute kommen die Wissbegierigen einfach ins Museum und erfahren, was es mit den Knochenfunden und den Tierfresken an den Hauswänden auf sich hat.

Georg Ruppelt

So geht's zu den Tierfresken:

Im Norden von Lebenstedt die Reppnersche Straße bis zur Einfahrt in den Pappelweg fahren/gehen. Hinter einem Geschäftsgebäude kommt ein Wohnhaus mit dem ersten Eingang Nr. 6. Hier finden sich unter dem Giebel das Mammut und das Urwildpferd. Das Museum Schloss Salder ist aus allen Himmelsrichtungen ausgeschildert.

Dort möchte man nicht eingesperrt sein! Ortsheimatpfleger Reinhard Försterling zeigt das Fenster zur Pförtnerstube.

20

Pförtnerstube

Ein Gefängnis für die Wasserburg

Wer als Besucher vor dem Tor der Wasserburg Gebhardshagen steht, atmet 900 Jahre Geschichte. So alt ist das Gemäuer, das einst als Befestigungsanlage auch abschrecken sollte. Auch heute macht die rechts vom Tor gelegene Pförtnerstube mit ihrer verbarrikadierten Fensteröffnung keinen besonders einladenden Eindruck. Kein Wunder: „Ein Raum der Pförtnerwohnung diente früher gleichzeitig als Gefängnis", lüftet Reinhard Försterling, Ortsheimatpfleger von Gebhardshagen, das Geheimnis des kleinen Raumes bei der Tordurchfahrt.

Ein richtiges Gefängnis hatte Gebhardshagen nicht, obwohl das offenbar durchaus notwendig gewesen wäre. So ist in einem Bericht aus den Kammerakten von Gebhardshagen von 1730 zu lesen: „Demnach die Notdurft es erfordert, dass zur sicheren Aufbehaltung der Capital-Delinquenten zwey Criminal-Gefängisse auf dem Fürstlichen Amte Gebhardshagen, woselbst dergleichen bisher nicht vorhanden gewesen, angelegt werden." Auf einem Plan der Wasserburg von 1768 ist dann auch ein Gefängnis eingezeichnet, allerdings eben nur in der Pförtnerstube.

„Die Pförtnerstube war als Gefängnis denkbar ungeeignet", erklärt Försterling und deutet auf die heute mit Metallplatten verbarrikadierte Fensteröffnung. In der Stube herrschte viel Verkehr. Hier trafen Dienstboten ein und es strömten Menschen durch das Tor, sodass der Pförtner alle Hände voll zu tun hatte. An Gerichtstagen wurden in der Pförtnerstube auch noch die Amtsmänner vorstellig. Außerdem waren die Fenster nicht vergittert – für Insassen, die in der Wasserburg inhaftiert waren, geradezu eine Einladung, auf dumme Gedanken zu kommen. Immerhin wurden die Gefangenen rund um die Uhr von zwei Männern bewacht, die von den Hofbesitzern der zum Amt Gebhardshagen gehörenden Dörfer Gebhardshagen, Heerte, Calbecht, Lobmachtersen und Leinde gestellt werden mussten.

Noch im 18. Jahrhundert kam es dann, wie es kommen musste: Ein Insasse entfloh. Das geschah in der Nacht des 20. April 1771. Acht Wochen zuvor, am 24. Februar 1771, war ein Mann namens Christoph Meyer gefangen genommen und nach Gebhardshagen in das Gefängnis verbracht worden. Meyer war wegen „vorgenommenen Diebstahls" verurteilt worden. Nach acht Wochen Haft konnte der Verbrecher durch das unvergitterte Fenster der Pförtnerstube entkom-

Eine Kammer mit Doppelfunktion: die Pförtnerstube.

men. Ob Meyer wieder gefasst wurde, ist nicht bekannt. „Was allerdings bekannt ist, sind die Konsequenzen des Ausbruchs für die beiden säumigen Wachen und den verantwortlichen Gerichtsdiener Fricke. Sie sollten zur Strafe für acht Tage bei Brot und Wasser selbst in der Pförtnerstube in Haft gehen", erzählt der Ortsheimatpfleger weiter.

Gerichtsdiener Fricke beschwerte sich über die Strafe, die er erhalten hatte, und schrieb ein Gnadengesuch, das in den Kammerakten Gebhardshagen zu finden ist, in dem er seine Situation schilderte. Nicht nur müsse er die „höchstherrschaftlichen Befehle" in die fünf *„Die Pförtnerstube war als Gefängnis denkbar ungeeignet."* Dörfer überbringen, diese seien auch teilweise bis zu einer Meile vom Sitz des Amtes entfernt. Hinzu komme, dass er „sowohl bei Tage als des Nachts auf die Feldfrüchte ein wachsames Auge haben" müsse. Daher könne er sich „niemals als bei Nachtzeit einige Stunden ausruhen", und auch tagsüber fehle ihm einfach die Zeit dazu. Fricke klagt: „Wie soll es nun möglich sein, dass ich mich zwei ganze Monate durch des Nachts des Schlafes erwähren könnte, um einen Arrestanten, bei welchen zwei Mann zur Wache gegeben wurden, beständig in den Augen zu haben…".

Die Flucht des Christoph Meyer im Jahr 1771 hatte aber noch weitere Folgen. Es wurde wieder der Bau eines Gefängnisses diskutiert und sogar erwogen, die Gefangenen nicht in Gebhardshagen, sondern im Gefängnis des Amtes Lichtenberg einzusperren. Es dauerte noch bis 1791, bis man in der Wasserburg Gebhardshagen ein neues Gefängnis einrichtete. Dieses lag unter der Gerichtsstube, der Pförtnerwohnung gegenüber auf der anderen Seite der Einfahrt und wurde das „neue Gehorsam" genannt.

Mike Durlacher

So geht's zur Pförtnerstube:

Das Gefängnis in der Pförtnerstube befindet sich in Gebhardshagen rechts des Tores der Wasserburg Gebhardshagen.

ZUM GEDENKEN AN DEN ERFOLGREICHEN WIDERSTAND

Ende des Zweiten Weltkrieges, im April 1945, besetzten alliierte Truppen das Hüttenwerk in Salzgitter und legten es still.

Viele der meistens dort zwangsweise Beschäftigten kehrten in ihre Heimat zurück. Dafür kamen etwa 30.000 Flüchtlinge und Vertriebene in die junge Stadt. Für sie fehlten vor allem Arbeitsplätze.

Ungeachtet dieser Notlage begannen die Briten mit der Demontage des Hüttenwerkes.

Im Jahre 1949 formierte sich im Bündnis von Belegschaft, Betriebsrat und Gewerkschaften, Parteien, Kirchen und Bevölkerung entschiedener Widerstand, der im Sommer 1951 zur Einstellung der Demontage des Hüttenwerks führte.

Denen, die dafür gestritten und damit die Existenz Salzgitters gesichert haben, gilt unser Dank.

AUFBAU – DEMONTAGE NEUBEGINN

1937 Gründung und Aufbau der „Reichswerke AG Herma

1945 Göring" durch deutsch ausländische Arbeitskr zehntausende Zwangsa Kriegsgefangene und KZ Häftlinge aus ganz Europ

1939 Erste Produktion von P im Hüttenwerk Salz

1940 Inbetriebnahme d

1945 Besetzung des durch alliierte der Produktion Hüttenwerks und erst

1954 Erze Inbetr Grob

1961 Der Konzern Namen „Sa

21

Stahlstelen

Verhinderung der Demontage

Nachdenklich betrachtet Dr. Jörg Leuschner, der ehemalige Salzgitteraner Stadtarchiv-, Museums- und Kulturamts-leiter, ein Denkmal vor dem Rathaus in Salzgitter-Lebenstedt, das im Mai 2015 eingeweiht wurde. Es sind – dem Anlass des Gedenkens gemäß – zwei künstlerisch gestaltete Stahlbrammen, also Blöcke aus gegossenem Stahl, mit Texten und einem Relief, entworfen von Helmut Lingstädt, ausgeführt von Juliane Jüttner. Es ist ein besonders wichtiges Denkmal für die Stadt, die 75 Jahren zuvor gegründet worden war. Denn es erinnert an Besonder-heiten der Gründung Salzgitters, die etwa im Schulunterricht der 1950er- und 1960er-Jahre in Salzgitteraner Schulen „nicht vorkamen".

Das Denkmal weist hin auf den entschiedenen Widerstand der Belegschaft der Reichswerke, ihres Betriebsrates, der Gewerkschaften, Parteien, Kirchen und nicht zuletzt der gesamten Bevölkerung gegen den Abbau der Industrieanlagen, der in Salzgitter nach dem Krieg auf der Basis einer Entscheidung der Alliierten begann.

Jörg Leuschner hat sich jahrzehntelang mit diesen für Salzgitter und die hier lebenden Menschen schlimmen Nachkriegsjahren inten-siv beschäftigt und viel darüber geschrieben. Ohne ein einziges Mal ins Stocken zu geraten, erzählt er die Geschichte der Jahre 1945 bis 1951 in allen Details und mit reichlich Hintergrundinformation. Das Thema scheint ihm eine Herzensangelegenheit zu sein, zeigt es doch auch den damaligen Mut und die Widerstandskraft aller Teile der gebeutelten Bevölkerung, die einen furchtbaren Krieg überstanden hatte und sich nun ihrer Zukunft beraubt sah.

„Die Reichswerke A. G. Hermann Göring waren", erklärt Leusch-ner, „bei Kriegsende das modernste Stahlwerk der Welt. Doch darf niemals vergessen werden, dass diese Modernität und die Geschwin-digkeit beim Aufbau auch mit dem Leben von Tausenden männlicher wie weiblicher Zwangsarbeiter, KZ-Häftlinge und Kriegsgefangenen bezahlt worden ist."

Dr. Jörg Leuschner bei dem Denkmal „Verhinderung der Demontage".

Die Stadt Salzgitter musste in den ersten Jahren nach dem Krieg enorme Probleme lösen: Erhalt des Bestandes sowie Auf- und Ausbau der Stadt und der noch fehlenden Infrastruktur im Versorgungs-, Verkehrs-, Verwaltungs-, Sport-, Kirchen- und Kulturbereich. Entscheidend für die Lösung all dieser Probleme war die Sicherung der wirtschaftlichen Grundlage, nämlich die Abwehr der vollkommenen Demontage der Reichswerke und der Erhalt des Hüttenwerkes, wenn auch in verkleinerter Form.

Das 2015 eingeweihte Denkmal „Verhinderung der Demontage" vor dem Rathaus in Salzgitter-Lebenstedt.

Die Siegermächte des Zweiten Weltkriegs hatten keine Zweifel darüber aufkommen lassen, dass Deutschland als Aggressor umfangreiche Entschädigungen zu zahlen hatte. Über den 1945 weitgehend stillgelegten Reichswerken lag bis 1949 die quälende Ungewissheit, in welchem Umfang das als Rüstungswerk verrufene und mit dem Namen Görings zusätzlich belastete Werk von den Demontagen betroffen sein würde.

Als die „Interalliierte Reparationskommission" in Brüssel im August 1949 den Umfang der Demontage der Reichswerke bekannt machte und als die Briten im Februar 1950 mit der „Entmilitarisierung" des Werkes begannen, formierte sich in der Belegschaft der Hütte angesichts von rund 14.000 Arbeitslosen – das waren 30 Prozent der Arbeitsfähigen – der Widerstand. Hinter der Arbeiterschaft standen die Stadt, die Parteien, die Gewerkschaften und die Kirchen.

Es kam zu dramatischen Szenen, in denen sich britische Soldaten und die vornehmlich linksorientierte und in der SPD, der KPD und der Arpo (Arbeiterpolitik) organisierte Arbeiterschaft gegenüberstanden. Deutsche Polizisten, die sich weigerten, gegen die Demonstranten mit Gewalt vorzugehen, wurden zu langen Haftstrafen verurteilt.

„Die Briten versuchten den Widerstand mit der Besetzung der Hütte zu brechen. Bis 1951 wurden 60 bis 90 Prozent der Hüttenteile zerstört oder abgebaut und in die Länder transportiert, die unter dem vom Deutschen Reich ausgehenden Weltkrieg gelitten hatten. Dies waren insbesondere Großbritannien, Frankreich, Belgien, Jugoslawien, Norwegen, Griechenland, Indien, Albanien und die Tschechoslowakei", sagt Jörg Leuschner.

In zähen Verhandlungen erreichten das 1946 gegründete Land Niedersachsen mit Ministerpräsident Hinrich Wilhelm Kopf an der Spitze und die Bundesrepublik Deutschland mit Bundeskanzler Konrad Adenauer, dass ab Januar 1951 die Zerstörungen eingestellt wurden. Der Koreakrieg und der beginnende „Kalte Krieg" haben hierbei sicher auch eine Rolle gespielt.

„Die Briten versuchten den Widerstand mit der Besetzung der Hütte zu brechen. Bis 1951 wurden 60 bis 90 Prozent der Hüttenteile zerstört oder abgebaut und in die Länder transportiert, die unter dem vom Deutschen Reich ausgehenden Weltkrieg gelitten hatten."

Ein kleines Hochofenwerk mit drei Hochöfen blieb bestehen. Die Bevölkerung von Stadt und Region atmete auf, die Solidarisierung hatte letztendlich Erfolg gezeigt. Die Reichswerke als wichtigster Arbeitgeber und Steuerzahler der Stadt Watenstedt-Salzgitter konnten so erhalten werden. Noch im selben Jahr wurde die Stadt, die sich nun mit Erlaubnis des niedersächsischen Innenministeriums Salzgitter nannte, ein zweites Mal gegründet und konnte auf diese Weise, so Leuschner, „mit einem neuen, gesamtbürgerlichen Identitätsgefühl in die Zukunft aufbrechen."

Georg Ruppelt

....

So geht's zu den Stahlstelen:

Das Rathaus steht an der Kreuzung Albert-Schweitzer- Straße / Joachim-Campe-Straße, Joachim-Campe-Straße 6 in Salzgitter-Lebenstedt. Das Denkmal liegt vor dem Hauptgebäude und hinter dem Rathausvorplatz zwischen Haupteingang und Stadtbibliothek.

22

Furt

Ein Waffendealer und eine Flussquerung

A uf welche Weise kann man einen Fluss überqueren? Auf einer Brücke, einem Schiff, einem Floß oder natürlich fliegend oder schwimmend. Es gibt aber noch eine Möglichkeit: durch eine Furt.

Furten sind Untiefen in Wasserläufen, an denen die Gewässer zu Fuß oder mit einem Gefährt durchquert werden können – eine Technik, die wohl so alt ist wie die Menschheit. Eine immer noch genutzte Furt in Deutschland führt durch das Flüsschen Innerste im kleinsten Ortsteil Salzgitters, Hohenrode. Es ist ein idyllischer, zum Träumen einladender Platz, an dem man, wenn nicht gerade der Landwirt mit seinem Traktor unterwegs ist, nur das Gurgeln der hier munter dahinströmenden Innerste vernimmt. Niemand käme ausgerechnet hier auf die Idee, an Krieg und Waffen zu denken – es sei denn, er wird von Markus Schulze begleitet, dem Ortsheimatpfleger von Hohenrode.

Der nämlich hat die Geschichte des über acht Jahrhunderte alten Ortes erforscht und weiß von jeder Menge Kanonenkugeln aus dem 16. Jahrhundert zu berichten, die hier und an einer weiteren ehemaligen Furt, der so genannten „düsteren Furt", gefunden wurden. Wie sind die wohl hier hergekommen? Schulze, ehemaliger Leiter eines Rechenzentrums, kann darüber Auskunft geben und auch von ihrem Produzenten berichten, einem der wohl größten Waffendealer des 16. Jahrhunderts: Herzog Julius von Braunschweig-Wolfenbüttel (1528-1589). Er veranstaltete in seinem Wolfenbütteler Zeughaus regelrechte Waffenmessen.

Markus Schulze fängt an zu erzählen: „Der Herzog war technisch sehr interessiert. Insbesondere der Harzer Bergbau und das Hüttenwesen profitierten von seiner Regierung." Kanonenkugeln seien zur Zeit des Herzogs aus Stein, Eisen und Blei gefertigt worden. Julius nun hatte die Idee, diese Kugeln aus den bei der Verhüttung der Harzer Erze anfallenden Schlacken zu gießen. „Bis dahin konnte die Schlacke

Markus Schulze, Ortsheimatpfleger von Hohenrode, an der
Furt durch die Innerste.

83

nicht weiter verwertet werden und galt daher als Abfall. Die Kugeln goss man passend zu den damals gebräuchlichen Geschützen in verschiedenen Größen mit Durchmessern zwischen 25 und 115 Millimetern." Untersuchungen hätten ergeben, dass die Kugeln aus Schlacken von der Verhüttung der Rammelsberger Erze stammen, sagt der Heimatkenner. Schulze, der selbst einige der Kugeln besitzt, erzählt, dass manche von ihnen die Jahreszahl 1575 tragen – wahrscheinlich das Baujahr der Hedwig-Julius-Hütte oder das Herstellungsjahr der Kugeln. Außerdem erkennt man das Monogramm des Herzogs, ein „H", über dessen Querstrich mittig ein „J" gesetzt ist – wohl sein Initial wie das seiner Frau Hedwig.

In dieser Furt durch die Innerste lagen die Kanonenkugeln.

Der Ortsheimatpfleger ist auch heute noch beeindruckt von der Geschäftstüchtigkeit des Herzogs, der Werbung für sein neues Produkt durch zwei Probeschießen gemacht habe, zu dem hohe Beamte und Fachleute geladen worden seien.

„Das Auftragsbuch füllte sich, und Julius ließ 100.000 Kugeln gießen. Diese Kugeln wurden bevorzugt als Tauschobjekte an Händler gegeben, die dann die Kugeln bis nach Schweden und in die Niederlande verkauften", erzählt Schulze weiter. „Es wird dabei von Liefermengen von bis zu 10.000 Zentnern berichtet." Seit 1579/80 wurden in den fürstlichen Kammerrechnungen aber keine Einkünfte mehr aus solchen Verkäufen verzeichnet. Entgegen den Erwartungen hatten sich die Kugeln dann doch nicht bewährt, denn Probleme bei deren Guss führten dazu, dass es Hohlräume – Luftblasen – in den Kugeln gab. „Diese bewirkten, dass die Kugeln beim Auftreffen oder oftmals schon nach dem Verlassen der Kanone zerplatzten und damit nicht die erhoffte Wirkung zeitigten. Schließlich verblieben Tausende Kugeln in der Herzog-Julius-Hütte und in Wolfenbüttel, die dort unter anderem als Baumaterial eingesetzt wurden", hat Schulze herausgefunden.

Und so kamen die Kugeln wohl nach Hohenrode: Im Dreißigjährigen Krieg hatte König Christian IV. von Dänemark (1577-1648) zuletzt in der Festung Wolfenbüttel gelagert, bevor er nach Northeim aufbrach, um dort Tillys Truppen vor einer möglichen Vereinigung mit Wallenstein zum Kampf zu stellen. 22 Kanonen führten die Dänen mit sich, für deren Betrieb sie sich in Wolfenbüttel mit den dort zuhauf lagernden Kugeln eingedeckt hatten. Auf dem Schlachtfeld bei Lutter am Barenberge wurden später viele der Kanonenkugeln mit dem Zeichen des Herzogs Julius gefunden, die also sicher aus Wolfenbüttel stammten.

Markus Schulze erklärt dazu: „Nach der verlorenen Schlacht vom 27. August 1626 versuchten die Dänen, Wolfenbüttel zu erreichen. König Christian IV. und seine

„Julius nun hatte die Idee, diese Kugeln aus den bei der Verhüttung der Harzer Erze anfallenden Schlacken zu gießen.“

Ehrengarden flohen über Neuwallmoden, Ringelheim und Kniestedt, viele Überlebende seiner Truppen aber nahmen den kürzeren Weg über die Furt bei Hohenrode. Diese Truppen führten auch vor dem Feind gerettete Munitionsbestände mit sich, von denen sie einen Teil im morastigen Gebiet der Innerstefurt bei Hohenrode verloren oder zurückließen.“

Georg Ruppelt

....
So geht's zur Furt:

Vom Westen auf der Straße Am Feldberg kommend, gegenüber der Ortseinfahrt Hohenrode rechts abbiegen, dann zu Fuß geradeaus am Bolzplatz und einem umzäunten Privatgrundstück vorbeigehen. Hinter dem Zaun rechts auf den Feldweg abbiegen. Nach 150 Metern vor der Scheune links halten und von hier einen kleinen Abhang zur Innerste hinuntergehen.

23

Alte Fachwerkbalken
Neuer Platz für den Garßenhof

S alzgitter-Bad und Gitter sind zwei unterschiedliche Orte. Und doch ist es so, dass sich ein kleiner Teil von Gitter in Salzgitter-Bad befindet, und das wahrscheinlich für lange Zeit. Denn wer in Salzgitter-Bad durch den Rosengarten schlendert – ursprünglich Salinengarten, dann Kurgarten und jetzt „Traditionsinsel" – und auf das Bettenhaus des Hotels Ratskeller blickt, der schaut in Wahrheit auf das jahrhundertealte Fachwerk des Garßenhofs. Dieser stand aber bis Anfang der 1980er-Jahre in Gitter – und zwar mehr als 400 Jahre lang.

„Der alte Hof war seit den 1970er-Jahren unbewohnt und drohte zu verfallen", berichtet Hugo Mellenthin, Ortsheimatpfleger von Gitter. Die letzte Besitzerin, Dorothee Behrens, schenkte das Gebäude schließlich der Stadt Salzgitter. Aber auch die fand niemanden, der den Fachwerkbau in Gitter kaufen und sanieren wollte. Also hatte man eine andere Idee: Im Rahmen der Altstadtsanierung wurde das Fachwerkhaus zwischen 1980 und 1982 in Gitter ab- und in Salzgitter-Bad wieder aufgebaut. So konnte das Gebäude vor dem Verfall gerettet werden. Balken für Balken verschwand der Hof in mühsamer Kleinarbeit aus Gitter. Die Kosten betrugen damals mehr als 8 Millionen DM. Nun ist der alte Hof Teil der so genannten „Traditionsinsel" im Rosengarten: Das Ensemble besteht aus dem Rosengarten, dem Ratskeller, dem Kniestedter Gutshaus, das ursprünglich ebenfalls woanders stand, dem Tillyhaus und – dem ehemaligen Garßenhof.

„Erbaut wurde er im Jahr 1557 von einem Landwirt aus Gitter."

Der Garßenhof, eines der ältesten Fachwerkhäuser Salzgitters, hat in den vergangenen Jahrhunderten eine wechselvolle Geschichte erlebt. „Erbaut wurde er im Jahr 1557 von einem Landwirt aus Gitter", berichtet Mellenthin. Wie in der Dorfchronik beschrieben, wurde der Hof höchstwahrscheinlich über einem viel älteren Gewölbekeller

Diese Balken sind schon mehr als 400 Jahre alt und standen einst in Gitter.

errichtet. Wissenschaftlich untersucht hat das aber leider niemand: Als der Garßenhof 1980 abgebaut wurde, hat man das Gebiet in Bauland verwandelt. Heute stehen auf dem Areal zwischen den Straßen Friedhofsweg, Am Ritterhof und Garßenhof moderne Einfamilienhäuser.

Ursprünglich bestand der Garßenhof nur aus einem Wohnhaus, nämlich dem Gebäude, das heute im Rosengarten steht. Später wurde er beträchtlich erweitert. Dazu kamen relativ schnell ein großer Anbau, ein Pförtnerhaus und ein pittoreskes Tor. Im Jahr 1616 kaufte ein neuer Eigentümer den Hof: der Namensgeber Ludolph Garßen (1560-1635). Er war Jurist und herzoglicher Hofgerichtsadvokat. Nach dem Dreißigjährigen Krieg (1618-1648), so steht es in der Dorfchronik, war der Hof in einem „jämmerlichen Zustand", von dem er sich lange nicht erholte. Bis Mitte des 18. Jahrhunderts aber verwandelte er sich in ein richtig hochherrschaftliches Anwesen. Es gab ein Wohnhaus, zwei Scheunen, Pferdestall, zwei Schweineställe, zwei Schafställe, ein Hühnerhaus, Brau- und Backhaus. Die Familie Garßen hatte es zu beeindruckendem Reichtum gebracht! Aber das Schicksal schlug zu. 1857 zerstörte ein verheerendes Feuer den gesamten nordwestlichen Teil Gitters, und auch Teile des Garßenhofs brannten nieder. Ein schwerer Schlag für die Familie Garßen, die die Anlage 1881 verkaufte. Ab Mitte des 20. Jahrhunderts verfiel der Hof dann immer mehr.

Ortsheimatpfleger Hugo Mellenthin kann sich noch daran erinnern, wie er früher als Kind im Rittersaal des Wohnhauses stand und argwöhnisch den Boden betrachtete. Dazu muss man wissen, dass es einmal nicht nur einen alten Gewölbekeller gegeben haben soll, sondern um den Garßenhof rankte sich seit jeher eine Sage: So soll unter dem Rittersaal einst eine Schatzkammer angelegt worden sein. Diese konnte nur von einem Mitglied derer von

Hugo Mellenthin hat noch als Kind den alten Rittersaal bestaunt. Angeblich gab es im Garßenhof einmal eine Schatzkammer.

Gitter, die die Schatzkammer hatten anlegen lassen, oder einem Sonntagskind geöffnet werden. Und das auch nur um Mitternacht! Dann hatte der Glückspilz eine Stunde lang Zeit, sich etwas vom Schatz auszusuchen. Wer aber zu gierig war und zu lange blieb, der verschwand für immer: Dann ging die Tür zu und nie wieder auf – das klang von jeher spannend, nicht nur für Kinder!

„Der alte Hof war seit den 1970er-Jahren unbewohnt und drohte zu verfallen."

Übrigens ist auch die Familie Garßen nicht ganz aus Gitter verschwunden. Vor ein paar Jahren erhielt die Jugendfeuerwehr einen neuen Wimpel. Darauf verewigt: das Familienwappen der Garßens. Und das alte steinerne Tor des Hofes befindet sich heute an der Vöppstedter Ruine in Bad. Das hatte man bereits Jahrzehnte früher dorthin versetzt.

Valea Schweiger

....

So geht's zu den Alten Fachwerkbalken:

Die „Traditionsinsel" befindet sich im Zentrum Salzgitter-Bads im Rosengarten. Dort ist auch das Fachwerk des alten Garßenhofs zu sehen.

24

Neuer Teich

Quirliges Tausendblatt und Großes Granatauge

„Nur die wenigsten Besucher des großen Thermalsolewellenbades hier in Salzgitter-Bad wissen, dass unterhalb seiner ausgedehnten Parkplatzflächen der Weg zu einem kleinen Naturparadies beginnt. Das hat auch etwas mit Wasser zu tun, allerdings auf ganz andere Weise als das schmucke und attraktive Schwimmbad", schmunzelt Walter Wimmer und betritt die von Bäumen und Gebüsch gesäumten Rundwanderwege 4, 6 und 7. „Hier im Salzgitter-Höhenzug entspringt die Warne", fährt er fort, „ein Bächlein, das an einem geschützten Biotop vorbeifließt, dem Neuen Teich, wenige 100 Meter entfernt vom modernen Thermalbad. Und der Neue Teich ist auf seine Weise gewiss ebenso interessant wie das mit allen technischen Raffinessen ausgebaute Thermalbad – wenn auch nicht für Schwimmer." Und auch, dass er gar nicht so neu ist, wie sein Name vermuten lässt, kann Wimmer erklären.

Der Biologe, der sich seit Jahrzehnten im NABU für den Erhalt der heimischen Natur einsetzt, hat natürlich Recht. 20 Gehminuten vom Parkplatz entfernt erreicht der Spaziergänger am Neuen Teich eine Idylle aus Wasser, Schilf, Bäumen – auch umgestürzten – und Gebüsch, in der, bis auf Vogelstimmen und gelegentliches leises Plätschern eine Stille herrscht, die den Besucher animiert, sein Smartphone schleunigst auszuschalten, um sie ungestört genießen zu können.

Wimmer erläutert die beginnende Schilfröhricht-Bildung und den umfangreichen Bestand an Schmalblättrigem Rohrkolben. „Hier im Neuen Teich wächst auch das Quirlige Tausendblatt", freut er sich, „an dem unter Wasser sehr seltene Rüsselkäfer leben. Für Erdkröten und andere Amphibien ist der Teich ein wichtiges Laichgewässer, auch brüten hier die Stockente, die Blessralle und manchmal auch der Zwergtaucher. An den Wasserpflanzen kann man das Große Granatauge beobachten, eine schwarzblaue Kleinlibelle mit roten Augen. Nachts jagen über dem Teich Wasserfledermäuse nach Fluginsekten."

Walter Wimmer genießt die stimmungsvolle Ruhe am Neuen Teich.

Der Neue Teich bietet aber noch ein ganz besonderes Naturerlebnis: Etwa in der dritten Juniwoche verlassen die Erdkröten nach dem Leben als Kaulquappen das Wasser – beenden also ihr Wasserdasein. Man kann dann ihr Treiben in der Nacht wie am Tage beobachten. Tausende dieser Winzlinge gehen nun an Land. „Ein wahres Schauspiel, aber es sollte darauf geachtet werden, keine zu zertreten."

„Es ist nämlich ein Salinen-Stauteich, der im 15. Jahrhundert für die hiesige Salzgewinnung angelegt wurde. Dessen Süßwasser benötigte man, um aus den Steinsalzlagerstätten Rohsole zu gewinnen."

Aber was hat diese pure Natur mit dem hochtechnisierten Schwimmbad gemeinsam? „Auch der Neue Teich ist ursprünglich von Menschenhand erschaffen", erklärt Wimmer, „und er ist auch kein neuer Teich, wie der Name anzeigt, sondern ein ziemlich alter. Es ist nämlich ein Salinen-Stauteich, der im 15. Jahrhundert für die hiesige Salzgewinnung angelegt wurde. Dessen Süßwasser benötigte man, um aus den Steinsalzlagerstätten Rohsole zu gewinnen." Später hat ihn die Natur auf das Schönste für sich vereinnahmt – und dabei unbeabsichtigt auch den Menschen etwas Gutes getan.

Georg Ruppelt

So geht's zum Neuen Teich:

Zum Thermalsolbad in Salzgitter-Bad, Parkallee 3 fahren. Von dort den unteren Parkplatz ansteuern; westlich in der Mitte liegt der Zugang zu den Rundwanderwegen. Der Neue Teich ist ausgeschildert.

*Maike Weth betrachtet auf dem Friedhof „Jammertal"
eine der Inschriften.*

25

Obelisk

Letzte Ruhe in fremder Erde

Als das nationalsozialistische Regime im Frühsommer 1943
beschloss, einen „Ausländerfriedhof" einzurichten, stellten die Reichswerke Hermann Göring ausgerechnet ein
Gelände zur Verfügung, das den alten Flurnamen *Jammertal* trägt. „Viele Familienangehörige finden, dass der Name gut zu diesem Ort passt", sagt Maike Weth, Mitarbeiterin beim Arbeitskreis
Stadtgeschichte e.V.. Genutzt wurde ein kleiner Hügel in einer sonst
flachen Landschaft. Es handelte sich dabei um Abraumerde vom

93

Werksbau, die nicht weiter verwendet werden konnte. „Der Friedhof wurde 1943, mitten im Krieg, errichtet, weil die Sterberate im Stadtgebiet, vor allem unter den Nichtdeutschen, Zwangsarbeitern und KZ-Häftlingen, rapide anstieg", berichtet sie. Die Fläche wurde in ein Koordinatensystem mit Feldern, Grabreihen und Grabnummern eingeteilt. Unter den gut 4.000 Beigesetzten finden sich Menschen aus über 15 Nationen. Anhand von heute noch vorliegenden Unterlagen lassen sich die meisten Opfer und die ungefähre Lage ihres Grabes nachweisen.

Noch bis 1951 wurden hier Menschen bestattet. Während es sich in der Zeit des Zweiten Weltkrieges vor allem um nicht-deutsche Zwangsarbeiter, Kriegsgefangene, KZ-Häftlinge und Häftlinge aus dem Arbeitserziehungslager (siehe Geheimnis 32) handelte, waren es in der Nachkriegszeit die so genannten Displaced Persons („heimatlose Ausländer"), die hier ihre letzte Ruhe fanden. Manche der Opfer wurden wenige Jahre nach dem Krieg exhumiert und nach Hause geholt: „Unterschiedliche Nationen, wie Belgien, die Niederlande, Frankreich und Italien, haben versucht, ihre Opfer zu identifizieren, sie in ihre Heimatländer überstellt oder auf Ehrenfriedhöfen

Der Obelisk weist individuelle Inschriften in vielen Sprachen auf.

in Hannover und Hamburg beerdigt." Es seien aber umgekehrt auch noch weitere Bestattungen vorgenommen worden: „Auf den so genannten wilden Friedhöfen rund um die Lager waren während des Kriegs unzählige Opfer bestattet worden", erzählt Maike Weth. „Das waren zum Beispiel sowjetische Kriegsgefangene, in deren Lagern die

Versorgung besonders schlecht war. Sie wurden direkt an den Lagern bestattet und nach dem Krieg zum Friedhof Jammertal umgebettet." Dort wurden sie als „unbekannt" wieder beigesetzt. Heute lassen sich in den zugänglichen Dokumenten Daten und Namen der Opfer nachvollziehen.

Wer den Friedhof Jammertal besucht, findet einen ruhigen, fast idyllischen Ort vor. Typische Grabkennzeichen wie Steine oder Kreuze sind hier nicht zu finden. Aber an 1.235 Grabstellen wurden in den 1970er-Jahren Metallplatten mit persönlichen Daten in die Erde eingelassen. Mahnmale verschiedener Nationen und Opfergruppen ziehen den Blick auf sich. Ein roter Obelisk im Zentrum der Fläche überragt alle anderen. Er wurde im September 1946 von den Alliierten aufgestellt. Individuelle Texte in polnischer, russischer, serbischer, englischer und deutscher Sprache lassen sich an den Sockelseiten finden.

Der Friedhof ist zum Gedenkort geworden. Zu einem Ort, an dem die Geschichte begreifbarer wird. Einem Ort, an den die Nachfahren der Opfer zurückkehren. Der Arbeitskreis Stadtgeschichte bearbeitet zahlreiche Anfragen der Angehörigen.

Seit November 2011 gibt es am Eingang des Friedhofes fünf Metallbücher, in denen alle bis dahin bekannten Namen der Opfer verzeichnet wurden. „Die Namen ihrer verstorbenen Familienmitglieder hier zu lesen, ist für viele Angehörige sehr wichtig", betont Maike Weth. In naher Zukunft werden Bücher mit weiteren Namen – wie beispielsweise die der bisher noch unbekannten Opfer – ergänzt.

Eva-Maria Bast

So geht's zum Obelisk:

Er steht auf dem Friedhof „Jammertal". Dieser befindet sich zwischen der Kanalstraße und der Peiner Straße in Salzgitter-Lebenstedt.

26

Hochbunker

Großer Klotz in kleinem Dorf

M„**eine Mutter musste mehrfach im Heerter Bunker Zuflucht suchen**", erzählt Sigrid Lux, Ortsheimatpflegerin von Heerte und ehemals verantwortlich für das Bildarchiv der Stadt Salzgitter. Die zierliche Frau blickt nachdenklich an dem gelb angestrichenen und mit Efeu berankten Klotz von Hochbunker an der Gießereistraße empor. Doch trotz dieser Verschönerungsmaßnahmen wirkt der Bau in der dörflichen Kulisse von Heerte mit ihren Fachwerkhäusern bedrohlich, obwohl er ja Leben retten sollte und dies auch getan hat. „Ziel der Angriffe waren die Hüttenwerke", fährt Sigrid Lux fort. „An die 12.000 Spreng- und 100.000 Brandbomben wurden in 88 Luftangriffen über dem erst knapp drei Jahre alten Watenstedt-Salzgitter abgeworfen, so hieß die Stadt damals. 300 Menschen kamen dabei ums Leben."

Das Archiv der Stadt Salzgitter hat Zeitzeugen befragt und ihre Erinnerungen aufgezeichnet, so auch Margarete Dickhuth. Sie berichtet: „In Heerte gab es oft Fliegeralarm, weil die Tiefflieger die Reichswerke ansteuerten." Als sie mit Ehemann und jüngst geborener Tochter von einer langen Reise nach Heerte zurückkehrte, verzichtete man auf den Gang in den Bunker. Dickhuth: „Das war die schrecklichste Nacht, die ich je erlebt habe. Man hatte das Gefühl, Heerte wird dem Erdboden gleich gemacht. Das war die Nacht, in der die Kirche einstürzte."

Watenstedt-Salzgitter hatte wegen der in kürzester Zeit aus dem Boden gestampften Reichswerke Hermann Göring einen Sonderstatus

> *„Ziel der Angriffe waren die Hüttenwerke. An die 12.000 Spreng- und 100.000 Brandbomben wurden in 88 Luftangriffen über dem erst knapp drei Jahre alten Watenstedt-Salzgitter abgeworfen, so hieß die Stadt damals. 300 Menschen kamen dabei ums Leben."*

Sigrid Lux vor dem mit Efeu bewachsenen Bunker.

als Luftschutzort. Der Bunker in Heerte entstand im Rahmen der ersten Bunkerbauwelle, bei der in 61 Städten 839 Bunker gebaut wurden – Bauzeit: Dezember 1941 bis Juni 1942. 1.000 Menschen fanden in ihm Platz, wobei die Heerter Bevölkerung im ersten Stock in Sechs-Bett-Kojen manchmal mehrere Tage und Nächte verbrachte, während die polnischen Zwangsarbeiter im zweiten Stock in großen Sälen untergebracht wurden, die über eine Außentreppe zu erreichen waren, wie bei Fröhlich und Jaber nachzulesen ist.

Insgesamt wurden in Watenstedt-Salzgitter außer in Heerte noch in Lebenstedt, Hallendorf und Watenstedt Hochbunker errichtet, die alle noch existieren. Sigrid Lux erzählt: „Nach dem Krieg siedelten sich im Heerter Bunker verschiedene Geschäfte an, später wurde er als Lagerstätte genutzt." Doch die Zeiten änderten sich, es gab durchaus Anlass, die Schutzbedürftigkeit der Bevölkerung wieder zu thematisieren. Sigrid Lux: „Ich denke, der Bund, dem alle diese Bunker gehören, hat in Zeiten des Kalten Krieges möglicherweise auch an eine eventuelle Wiedernutzung als Bunker gedacht. Abgesehen davon ist natürlich eine Sprengung innerhalb des Ortes unmöglich und eine Abtragung zu teuer – wenn beides denn überhaupt durchführbar ist." 1980 sei der Bunker renoviert und dann völlig entkernt worden: „Heute dient er dem Katastrophenschutz als Lagerstätte."

Der Bunker an der Ecke Gießereistraße / Querstraße.

Die Ortsheimatpflegerin Sigrid Lux bleibt bei ihren Ausführungen ernst und nachdenklich. Das verwundert nicht, denn in unserer

Zeit scheint die Welt wieder einmal an einigen Stellen aus den Fugen zu geraten.

Nur wenige Kilometer von Heerte entfernt, in Wolfenbüttel, verbrachte 20 Jahre lang der niedersächsische Dichter, Künstler und Weltweise Wilhelm Busch (1832-1908) seine Sommerferien. Von ihm stammen folgende Verse:

„Wie ein Kranker, den das Fieber
Heiß gemacht und aufgeregt,
Sich herüber und hinüber
Auf die andre Seite legt –

So die Welt. Vor Hass und Hader
Hat sie niemals noch geruht.
Immerfort durch jede Ader
Tobt das alte Sünderblut."

Busch macht auf ein wiederkehrendes Erscheinungsbild im Leben der Menschheit aufmerksam, das er als Krankheit deutet. Den mit Efeu berankten Klotz von Hochbunker in Heerte kann man daher durchaus als Mahnmal verstehen, die Krankheitszeichen rechtzeitig zu deuten und es mal anders zu versuchen als mit Krieg und der sich daraus ergebenden Notwendigkeit, innerhalb von dicken Betonwänden Schutz vor dem Mitmenschen zu suchen.

Georg Ruppelt

....
So geht's zum Hochbunker:

Von Norden auf der Gießereistraße bis ins Dorfinnere fahren. Der Bunker ist nach rund 200 Metern nicht zu übersehen.

27

Turm

Der guten Aussicht wegen

Im Herbst 2016 machte der Turm auf Burg Lichtenberg Schlagzeilen. Die hölzerne Plattform stand in Flammen, die Stadt sperrte das Areal aus Sicherheitsgründen. Klaus Gossow, einstiger Tiefbauamtsleiter der Stadt Salzgitter, weiß, wie es überhaupt dazu kam, dass der Turm diesen hölzernen Aufbau bekommen hat. Der ursprünglich viereckige, mittelalterliche Turm hatte 1893 nur noch als Stumpf bestanden und wurde nun sechseckig wieder aufgebaut. „In den 1920er-Jahren war die Burg als Ausflugsziel beliebt, von hier oben hat man ja einen tollen Ausblick auf die Stadt", erzählt der Salzgitteraner. Eigentlich. Denn der Wald rings um die Burg war inzwischen so dicht geworden, dass die Bäume die Sicht verstellten. „Also entstand die Idee, den Turm zu erhöhen. Es war aber nicht genug Geld da, um den Aufbau aus Stein auszuführen, deshalb entschied man sich für eine Holzkonstruktion", erklärt Klaus Gossow den Grund für die Bauweise. Nun konnten die Salzgitteraner den Blick auf ihre Stadt genießen. Die Holzplattform wurde 1995 erneuert. Und 2016 dann das Feuer. „Das war wirklich schlimm", sagt Gossow, „auch für den Verein, der sich aufopferungsvoll um die Burg kümmert und ihre Geschichte aufgearbeitet hat."

Diese Geschichte ist ungemein spannend: Die Burg steht auf einer 241 Meter hohen, steilen Kuppe der Lichtenberge, gilt als wichtigste Wehranlage der Welfen im Braunschweiger Land und wurde 1180 erstmals urkundlich erwähnt. Damals nahm der staufische Kaiser Friedrich I. Barbarossa (1123-1190) die Veste nach einem Kampf gegen den Welfen Heinrich den Löwen (1129/30-1195) ein (siehe Geheimnis 06). Spätestens seit 1290 wurde hier auch Gericht gehalten und es wurden Urteile gesprochen – auch Todesurteile – und diese dann vollstreckt. Manch ein Delinquent dürfte den Weg hinauf auf die Burg also mit durchaus weichen Knien angetreten haben.

Der Turm mit Holzaufbau, wie er bis zum Brand zu sehen war.

Sie gilt als klassisches Beispiel für eine mittelalterliche Höhenburg und wies einst eine Ringmauer mit Tor und Turm auf. Auch eine Kemenate, also ein beheizbares Steinhaus, einen Palas und eine Kapelle gab es auf der Burg. Außerdem all die Wirtschaftsgebäude, die die Burgbewohner brauchten, um sich zu versorgen: Brunnenhaus, Backhaus, Küche und Ställe.

Überstanden hat die Burg sehr viele Zerstörungsversuche und die Wirren des Bauernkrieges, erst am 22. Oktober 1552 wurde sie unter Graf Vollrad von Mansfeld vom Schmalkaldischen Bund zerstört. „Anschließend wurden die Steine der Burg von den Menschen, die im Tal lebten, zum Bau ihrer Häuser benutzt, das tat ihr natürlich nicht gut", kommentiert Klaus Gossow. Die Rettung für die immer mehr verfallende Ruine eilte 1892 in Form des frisch gegründeten „Verschönerungsverein der Burg Lichtenberg" herbei. „Dessen Mitglieder kümmerten sich vor allem um den alten, verfallenen Bergfried, den sie mit alten Steinen wieder errichteten", sagt der Salzgitteraner. Aber eben nicht so weit, dass man über den Wald hätte hinüberblicken können. Und genau deshalb wurde später der Holzaufbau nötig, von dem aus man einen Blick ins Tal genießen konnte.

„Also entstand die Idee, den Turm zu erhöhen. Es war aber nicht genug Geld da, um den Aufbau aus Stein auszuführen, deshalb entschied man sich für eine Holzkonstruktion."

Eva-Maria Bast

....

So geht's zum Turm:

Er steht auf der Burg Lichtenberg, Burgbergstraße 147.

Der Salzgittersee von Osten, im Hintergrund der Tragpfeiler der Inselbrücke.

Salzgittersee
Wasserski und Mammutgrab

Mit etwa 75 Hektar Wasserfläche ist der Salzgittersee der größte See in Ostniedersachsen. Und er ist jung: 1960 tat man den ersten Spatenstich, 1963 wurde im ersten Teilbereich der Bade- und Wassersportbetrieb eröffnet. Im Laufe der Zeit bis in die Gegenwart hat er sich kontinuierlich zu einem attraktiven Sport- und Freizeitparadies entwickelt – abwechslungsreich und mit sehr viel Platz, auch sehr viel Park-Platz.

Als der See in den 1960er-Jahren vor allem von der Salzgitteraner Jugend in Besitz genommen wurde – heute bekommt er viel Besuch auch aus der ferneren Umgebung –, war man besonders stolz auf eine Ausstattung des Sees, die weitgehend in Vergessenheit geriet: der Sand.

Heiko Nerenz auf der Inselbrücke am Salzgittersee.

Der Chemiker und Heimatkundler Heiko Nerenz ist im ebenfalls jungen, am Salzgittersee gelegenen Stadtteil Fredenberg aufgewachsen. Er hatte damit einen „Abenteuerspielplatz" und ab den 1970er-Jahren die Inselbrücke direkt vor der Haustür. Nerenz erinnert sich sehr gut daran, dass man Gästen, die den feinen, hellen Sand am über 1,2 Kilometer langen Badestrand auf der Lebenstedter, also der Ostseite, des Sees bewunderten, mit Vergnügen und völlig zu Recht antworten konnte: „Der Sand stammt von der Ostsee!"

„Interessanter sind aber die gröberen Gesteinspartikel, die am Nordufer in Form von Kies gefördert wurden. Damals eine geniale Lösung der Finanzierung, denn der Salzgittersee finanzierte sich durch die gewerbliche Vergabe der Kiesgewinnung bis 1976 praktisch selbst", erklärt Heiko Nerenz.

Unter diesem jungen See fand man damals auch Altes, sehr, sehr Altes. Es waren Relikte, die die Archäologen weltweit ein weiteres Mal bei der Nennung des Namens Salzgitter in Aufregung versetzten, wie schon in den 1950er-Jahren geschehen (siehe Geheimnis 19).

Claus Wölk, Führer eines riesigen Schwimmbaggers auf dem Salzgittersee in den Jahren 1965 bis 1969, erinnert sich im Buch *Salzgitter-Höhenzug:* „Auf dem Kiesbagger kam es laufend zu Störungen. Im Fuhsetal muss früher ein Mammutfriedhof gewesen sein, denn im Grobabscheider des Saugers verfingen sich Mammutzähne und allerlei Knochen. Stoßzähne, größere Knochen und Rückenwirbel hatten sich vor den Saugrüssel gesetzt, zur Freude der Museen in der ganzen Region. Im Schlossmuseum von Salzgitter-Salder kann man einige dieser Funde sehen."

Heiko Nerenz weiß aber im Zusammenhang mit dem Salzgittersee nicht nur aus einer Tausende von Jahren zurückliegenden Zeit zu erzählen, sondern auch aus einem „Tausendjährigen Reich", das leider viel zu lange – nämlich zwölf Jahre – andauerte. Hermann Göring (1893-1946) besichtigte am 13. Juli 1939 „seine Stadt" von den Lichtenberger Höhen aus und forderte, einen damals schon geplanten künstlichen See im Tal der Fuhse mit Restaurants, einem Zoo und einer Vergnügungsinsel auszustatten. Anderthalb Monate später überfiel Nazideutschland Polen.

Freude hingegen strahlt Heiko Nerenz aus, wenn er sein Lieblingsobjekt am Salzgittersee besucht, das von keinem Standort rund um den See aus zu übersehen ist: die Inselbrücke. Ihm gefällt an der 1974 geschaffenen Pylonbrücke besonders, dass sie die Moderne der 1970er-Jahre durch die Aufnahme der Farben des alten Landes Braunschweig – Blau und Gelb – mit der Vergangenheit verbindet. „Ein Symbol", sagt er, „das für die historische Substanz einiger Ortsteile ebenso steht wie für die Gründungsphase der jungen Stadt im 20. Jahrhundert."

Die Inselbrücke mit den Farben Blau und Gelb.

Georg Ruppelt

So geht's zum Salzgittersee:

Er liegt im Westen von Salzgitter-Lebenstedt, ist gut ausgeschildert und von allen Seiten durch viele Zufahrten und Zugänge zu erreichen.

Marienkapelle
Wallfahrtskirche dank Ritter Thietmar

W er die kleine Kapelle St. Marien in der Engeröder Orts-
mitte betritt, der mag dasselbe fühlen wie Ortsheimatpfleger Horst Plümer: „Es ist immer wieder ein Erlebnis.
Diese Stille, diese gewaltigen Gemäuer. Man fühlt sich
geborgen." Ein Gefühl, das bestimmt schon viele Menschen vor Horst
Plümer empfunden haben. Jahrhundertelang hat die kleine Kapelle St.
Marien die Gläubigen in Scharen in das kleine Dorf geführt. Wobei,
um genau zu sein: Nicht die Kapelle hat die Menschen angezogen,
sondern die Marienstatue. Die Statue der heiligen Mutter Gottes hat
aus St. Marien erst eine Wallfahrtskirche gemacht. Wer Maria heute
sucht, wird enttäuscht. Sie ist spurlos verschwunden. Schon lange. Ob
das Geheimnis jemals entschlüsselt wird?

Mindestens genauso spannend wie die Frage nach dem Verbleib
der Statue ist die Geschichte der Kapelle:
St. Marien ist heute eine der ältesten
Wallfahrtskirchen in Niedersachsen
und hatte einst eine große Bedeutung –
bis die Reformation ab dem 16. Jahrhundert über das Land hereinbrach und das
Pilgertum der Kirchenregierung gehö-
rig gegen den Strich ging.

Dabei war die kleine Kapelle ja
ursprünglich gar nicht als Wallfahrtsort
geplant gewesen! Alles begann mit Ritter
Thietmar von Eddingerodhe – und der
hatte mit der Kirche etwas ganz anderes
im Sinn. So zitiert Ortsheimatpfleger Horst Plümer in der Veröffentli-
chung *Sankt Marien zu Engerode* aus einer alten Urkunde: „Ein gewisser
Ritter von Eddingerodhe (...) kleidete seine zwei Töchter mit den zwei
Töchtern des Bruders seiner Gattin in kirchliche Gewänder und erbaute

*Der Altar. Ob die Marienstatue wohl
einmal dort stand?*

*Ortsheimatpfleger Horst Plümer mag die Ruhe in der kleinen
Wallfahrtskirche.*

eine Kapelle innerhalb seines Wohnsitzes am Rand. Danach brachte er zwei Damen aus dem Kloster der Dienerinnen Christi in Dorstadt mit." Kurzum: Thietmar wollte ein Kloster gründen, und deswegen erbaute er die Kapelle im Jahr 1236.

Aber die Klostergründung war nicht wirklich erfolgreich. Vor allem, weil sich der Priester Heinrich aus Lamspringe (gest. 1260), der vom Hildesheimer Bischof zum Propst des Klosters ernannt wurde, sichtlich unwohl fühlte in Engerode. Nicht nur, dass Propst Heinrich berichtete, er habe sechs Wochen lang nur das Nötigste aus Küche und Keller erhalten: Auch ist in einer weiteren Urkunde zu lesen, dass das Dorf für ihn „ein Ort des Schreckens und der trostlosen Einöde" war. Der Bischof zögerte nicht lange: Das Kloster wurde geschlossen. Die Kapelle aber blieb stehen. Für den Ort war das ein Glücksfall. In den kommenden Jahrzehnten erhielt die kleine Kirche zahlreiche Zuwendungen verschiedener Art – Geld und Land – und das steigerte das Ansehen von St. Marien. Immer mehr Pilger kamen vorbei. Als dann noch Fürstbischof Johann von Hoya (1355-1424) um 1400 der Kapelle ein Marienbild – wahrscheinlich aus Holz oder Stein – schenkte, wurde endgültig eine Wallfahrtskirche aus dem Gebäude. Fortan pilgerten immer mehr Menschen nach Engerode, um ihre Sünden bei Maria zu lassen und die Mutter Gottes zu verehren. Irgendwann waren es sogar so viele, dass im Jahr 1419 eine Empore eingebaut werden musste.

Auch wenn noch mehrere Marien in der Kirche zu finden sind: Die echte ist nicht mehr da.

Und Maria tat nicht nur den Pilgern gut: Auch das Dorf profitierte von den vielen Besuchern, die den Engerödern zusätzliche Einnahmen bescherten. Selbst als schon die Reformation Einzug hielt im Braunschweiger Land, wurde in der kleinen Kapelle noch die heilige Mutter Gottes verehrt. Dem ersten lutherischen Superintendenten, Melchior Neukirch (1540-1597), gefiel das gar nicht. Horst Plümer berichtet, Neukirch habe nach einem Besuch von „Abgötterey" gesprochen. Die Jahre der Marienstatue waren gezählt, denn die herzogliche Kirchenregierung versuchte nun mehrmals, die Statue zu entfernen – aber ohne Erfolg: Die Engeröder leisteten nämlich Widerstand.

Im Jahr 1744 jedoch ging die Zeit der Marienstatue im Ort unwiderruflich zu Ende. Droste von Brabeck (1700-1767), damaliger Besitzer des Rittergutes, zu dem die Kirche gehörte, ließ die Statue wegbringen. „Sie wurde feierlich aus der Kirche getragen", erzählt Plümer. Zunächst kam sie in eine Kirche nach Söder. Dort verliert sich die Spur des verehrten Abbildes der Gottesmutter. Niemand weiß bis heute, was mit der Statue passiert ist. Was aber überliefert ist: Dass die Mehrheit der Engeröder, die natürlich auch an ihre zusätzlichen Einnahmen dachten, sehr aufgebracht war, als Maria aus der Kirche entfernt wurde.

„Sie wurde feierlich aus der Kirche getragen."

Als Ersatz sorgten die von Brabecks für ein großes Ölgemalde: „Maria auf der Mondsichel", ein Werk des Malers Joseph Gregor Winck (1710-1781). Das aber half den Anwohnern nicht – ein Ölgemälde zog schließlich keine Pilger an: Die Besucher blieben aus, die Einnahmen natürlich auch.

Was wohl mit der Marienstatue passiert ist? Das wird vielleicht nie geklärt werden. Sicher ist dafür, dass die kleine Kirche in Engerode zu den ältesten Gebäuden in Salzgitter gehört, Ritter Thietmar sei Dank. Und einen Besuch ist sie auch heute noch wert. Obwohl Maria fehlt.

Valea Schweiger

....

So geht's zur Marienkapelle:

Die kleine Kirche liegt zentral in Engerodes Dorfmitte An der Marienkirche. Sie ist nicht zu übersehen.

Burgruine

Stilmittel im Schlosspark Ringelheim

Beim Spaziergang durch den unter Denkmalschutz stehenden Park des Schlosses in Salzgitter-Ringelheim, könnte man vermuten, dass dieser schon einige Jahrhunderte existiert, zumal wenn man weiß, dass das ursprüngliche Benediktinerkloster, das Anfang des 19. Jahrhunderts zum Schloss umgewandelt wurde, schon vor 1153 gegründet worden ist. Dieser Eindruck wird verstärkt, wenn man auf dem Rundweg durch den Park auf einer Anhöhe einer geheimnisvollen „Burgruine" begegnet. Doch der Eindruck täuscht! Denn eine echte Ruine ist das vorgebliche Restmauerwerk mitnichten. Es ist vielmehr eine geplante Ruine, erbaut von einem Ruinenbaumeister – ein Stilmittel, das sich in romantischen Landschaftsgärten des 19. Jahrhunderts besonderer Beliebtheit erfreute. Und damit verweist sie auf die Gestaltung des Parks in der ersten Hälfte des 19. Jahrhunderts.

Mit Schloss und Park und ihrer wechselvollen Geschichte ist seit seiner Kindheit Dirk Schaper vertraut – seit 30 Jahren Ortsheimatpfleger und im Bürgerverein Ringelheim aktiv. In seinen Schilderungen wird diese Vertrautheit, ja, seine Zuneigung zum Schlosspark überdeutlich — auch und gerade, wenn er kritische Worte dafür findet, dass das Land Niedersachsen Schloss und Park 2002 an einen Privateigentümer verkauft hat. Seitdem stehe, so Schaper, das Schloss im Wesentlichen leer. Der Park, dem englische und hannoversche Landschaftsgärten Vorbild waren, ist jedoch ganzjährig für die Öffentlichkeit frei zugänglich.

Erste Planungen für einen Landschaftspark stammen von Graf Friedrich von der Decken (1769–1840), hannoverscher Diplomat und Generalfeldzeugmeister im Napoleonischen Krieg. Er hatte das ehemalige Benediktinerkloster 1817 gekauft und zum Schloss aus- und umgebaut. Auch sein Sohn Graf Adolphus Wilhelm Friedrich von der Decken (1807–1886) und seine Frau Louise, geborene von

Ortsheimatpfleger Dirk Schaper an der künstlichen Ruine
im Schlosspark Ringelheim.

Wallmoden (1813–1890), begeisterten sich für einen repräsentativen Schlosspark.

Neben der künstlichen Ruine gibt es ein weiteres auffälliges Bauwerk auf einer Teichinsel – einen der ägyptischen Antike nachempfundenen Obelisken. Bis heute wird er von der Bevölkerung „Hungersäule" genannt. 1847 und die Jahre darauf waren Notzeiten für die Bevölkerung, und die gräflichen Unternehmungen zur Anlage des Schlossparkes daher so etwas wie eine Arbeitsbeschaffungsmaßnahme.

Schloss Ringelheim als reizvolle Wasserspiegelung.

Schaper erzählt: „Die Hauptzufahrt zur Anlage wurde zur dem Dorf abgewandten Seite verlegt. So bekamen Besucher des Schlosses, wie zum Beispiel die hannoversche Königsfamilie, bei der Auffahrt durch den Park den Eindruck vermittelt, dass sich das Schloss weit entfernt vom Dorf inmitten einer prächtigen Anlage befinde. Der letzte König von Hannover, Georg V., ist auf seinen Kutschfahrten nach Goslar, wo er seinen Heilpraktiker besuchte, regelmäßig bei den von der Deckens eingekehrt, und der Herr des Hauses hat ihn dann bis Goslar begleitet."

Auch die Erben ließen dem Park angemessene Pflege angedeihen. 1938 verkauften sie die Schlossanlage an die Reichswerke Hermann Göring, die sie als Verwaltungssitz nutzten. 1945 sei hier ein Displaced Persons Camp, also ein Aufenthaltsort für Heimatlose, eingerichtet worden – eines von vielen in Salzgitter, erklärt Schaper. Es habe sich bei den Camp-Bewohnern vor allem um Osteuropäer gehandelt, die nicht in den Herrschaftsbereich Stalins zurückkehren wollten, darunter zahlreiche Letten, von denen viele auch nach Australien ausgewandert seien.

„1948 wurde das Schloss, das weiter im Besitz der Reichswerke war, zunächst zu einem Tuberkulose-Krankenhaus ausgebaut, das es auch bis 1961 blieb. Dann hatte sich die Seuche so weit erledigt, dass man aus dem Gebäude ein Erholungsheim der Landesversicherungs- anstalt (LVA) machte", fährt der Ortsheimatpfleger fort. „1967 waren die Kurgäste mit der etwas antiquierten Ausstattung nicht mehr einverstanden. Daraufhin wurde das Gebäude 1969 an das Land Niedersachsen verkauft, das eine Abteilung des Landeskrankenhauses Königslutter dorthin verlegte. Dieses Heim für seelisch Behinderte wurde 1998 aufgelöst. Die Patienten übernahm die Caritas, die dafür das Judith-Heim neu baute." 2002 verkaufte das Land Niedersachsen Gebäude und Park.

„Der letzte König von Hannover, Georg V., ist auf seinen Kutschfahrten nach Goslar, wo er seinen Heilpraktiker besuchte, regelmäßig bei den von der Deckens eingekehrt, und der Herr des Hauses hat ihn dann bis Goslar begleitet."

In einer Beschreibung der Braunschweigischen Landschaft heißt es über den Schlosspark: „Er ist ein einzigartiges, viel zu wenig bekanntes gartenbaugeschichtliches Zeugnis, das mit seinen Blickachsen, Wasserflächen und alten Bäumen trotz eingeschränkter Unterhaltung seine malerische Konzeption noch gut erkennen lässt und zu genießen erlaubt." Dass der Schlosspark dabei gar nicht so alt ist, wie er auf den ersten Blick aussieht, ändert daran nichts.

Georg Ruppelt

So geht's zur Burgruine:

Am Marktplatz in die Johannesstraße einbiegen. Geradeaus auf den Torbogen des Gutshofes zufahren. Nach der Durchfahrt kann man parken und geradeaus zu Fuß, am rechts gelegenen Mühlenhaus vorbei, nach 100 Metern in den Rundweg des Parks einbiegen.

*Reinhard Obst zeigt, wo sich die einzelnen
Bauabschnitte befanden.*

3|

Kanzel

Der Ort, an dem Hermann Göring plante

E s ist eine wunderschöne Aussicht auf das Tal. Auf den Lichtenberger Höhen, etwas unterhalb der Burg Lichtenberg, befindet sich ein kleines Plätzchen mit einer Bank. Doch der Ort hat eine dunkle Geschichte: „Hier, wo wir gerade stehen, stand einst einer der obersten Nationalsozialisten des Dritten Reiches", erzählt Ortsheimatpfleger Reinhard Obst aus Lebenstedt. Die Rede ist von Hermann Göring (1893-1946), der neben vielen anderen Titeln und Ämtern, die er innehatte, auch Oberbefehlshaber der Luftwaffe war. „Und eben dieser plante hier die Errichtung von Hüttenwerksanlagen und Eisenerzgruben und dazu einer Stadt", berichtet Obst weiter.

Geplant wurden die Industrieanlagen und die Stadt ab 1937 im Zuge des Vierjahresplans, der zum Ziel hatte, das Deutsche Reich möglichst unabhängig von Importen aus dem Ausland zu machen: 32 Hochöfen für das auf etwa drei Milliarden Tonnen geschätzte Eisenerzvorkommen sollten entstehen. „Das Salzgitter-Erz war aber kieselsäurehaltig, also nicht sehr profitabel zu verarbeiten", weiß Reinhard Obst. Nur mit einem aufwändigen Verfahren konnte daraus eine gewisse Menge an Eisen gewonnen werden, denn auf eine Tonne Roheisen kamen etwa 1,25 Tonnen Schlacke. Aber Göring und der Vierjahresplan sahen die Förderung als notwendig an, wenn das Deutsche Reich autark werden sollte.

Daher gründete die Reichsregierung mit einem Anteil von 90 Prozent am 15. Juli 1937 die Reichswerke AG für Erzbergbau und Eisenhütten Hermann Göring, die sich zum drittgrößten reichsdeutschen Konzern entwickelte – nach der I.G. Farben mit Sitz in Frankfurt am Main und der Vereinigten Stahlwerke AG in Düsseldorf. Herbert Rimpl (1902-1978), der bereits für die Planung von Wolfsburg tätig gewesen war, machte sich an die Arbeit. Reichskanzler Adolf Hitler (1889-1945) stimmte den Entwürfen zu, die ihm Hermann Göring und Albert Speer (1905-1981), der zu dieser Zeit Generalbauinspektor war, in Berlin vorlegten. „Aber Hitler scheint sich nicht wirklich für diese Stadt interessiert zu haben, sein Liebling war Wolfsburg. Außerdem steckte er gerade mitten in den geheimen Vorbereitungen für den Überfall auf Polen", erzählt Obst. Nichtsdestotrotz entstehen die Werke, die Eisenerzgruben und die „Hermann-Göring-

Die Salzgitter-Kanzel markiert den Ort, an dem einst Hermann Göring stand.

Stadt". Letztere sollte bis Kriegsende zunächst in sieben Bauabschnitten errichtet werden. Allerdings war dies nur der Planungsname für die riesige Wohnsiedlung. Adolf Hitler soll gesagt haben, dass es keine „Hermann-Göring-Stadt" zu geben habe, solange keine „Adolf-Hitler-Stadt" vorhanden sei. Der vorgesehene siebte Bauabschnitt bis Kriegsende sollte eine riesige Volkshalle enthalten mit Platz für bis zu 20.000 Menschen. Davor war ein gigantischer, von Amtsgebäuden umgebener Aufmarschplatz geplant.

Entstehen sollte die Stadt in der Fuhse- und Flotheniederung bei Lebenstedt. „Am 7. November 1937 stand Hermann Göring samt Entourage hier auf der Kanzel und plante, wo die nach ihm benannten Hüttenwerke errichtet werden sollten, nämlich um die Orte Bleckenstedt, Hallendorf, Watenstedt und Drütte", erklärt Obst und deutet in die entsprechende Richtung, etwa sechs Kilometer östlich der geplanten Stadt. Hier lagen die größten Erzvorkommen, die teilweise sogar im Tagebau und in Tiefen von bis zu 1.000 Metern gut erreichbar waren. Für das Werk wurde bereits ein Stichkanal zum großen Mittellandkanal gebaut, um Erze und Kohle transportieren zu können. Er ist knapp 18 Kilometer lang und verfügt über zwei Schleusen, eine davon bei Üfingen. Doch wo die „Hermann-Göring-Stadt" hinsollte, die parallel in der Nähe geplant wurde, das war noch länger offen, konkret bis zum 17. November 1938. „Der Standort wurde unter anderem gewählt, weil er westlich von den Stahlwerken liegt. Da hier vornehmlich Westwind weht, wurden der Rauch und die ganzen Abgase von der Stadt weggetragen", erzählt Obst. Denn

Sehr viel Grün so weit das Auge reicht, Salzgitter liegt idyllisch.

wären die Wohnbauten auf der gegenüberliegenden Seite der Werke gebaut worden, wäre der ganze Smog aus den Schornsteinen der Werke über die Siedlung gezogen und hätte alles verrußt.

Als Göring über den Standort der Stahlwerke und der Stadt nachdachte, gab es Konkurrenz unter den Gauleitern. Jeder malte sich Vorteile und Chancen zum Aufstieg in der Nazi-Hierarchie aus, wenn das Projekt in seinem Gau angesiedelt würde. Denn das Plangebiet bestand aus 28 Gemeinden, die sowohl auf braunschweigischem als auch auf preußischem Gebiet sowie in zwei verschiedenen Gauen lagen. Auch Braunschweig mischte mit, da man in der neuen Stadt und den Werken eine Konkurrenz sah. „Aber an anderen Standorten für das Werk hätten sowohl die Kohle als auch das Erz angeliefert werden müssen. Hier bei Lebenstedt musste nur die Kohle angeliefert werden, das Erz lag direkt unter den Füßen der Salzgitterer", erklärt Obst. Unter anderem stand damals noch das Ruhrgebiet zur Debatte, dort gab es die Kohle, aber die Vereinigte Stahlwerke AG stand bereits dort und eine zu starke Konkurrenz für dieses äußerst wichtige Unternehmen war zu befürchten. Schon vor der eigentlichen Gründung gab es Widerstand gegen die Errichtung der Hermann-Göring-Werke, so etwa von der Thyssen & Co. AG mit Sitz in Mülheim an der Ruhr und der Phoenix AG für Bergbau und Hüttenbetrieb in Düsseldorf.

„Der Standort wurde unter anderem gewählt, weil er westlich von den Stahlwerken liegt. Da hier vornehmlich Westwind weht, wurden der Smog und die ganzen Abgase von der Stadt weggetragen."

Die neue Stadt war auf den Gemarkungen der Orte Lebenstedt, Salder, Engelnstedt, Reppner, Lesse, Lichtenberg und Bruchmachtersen geplant. An den Bauabschnitten eins bis sechs wurde bis 1945 gebaut. Der siebte und größte mit den Prachtbauten wurde nie realisiert. Geplant war ein großzügiges Verkehrsnetz, das die Siedlung mit der östlich gelegenen Hütte und den im Süden befindlichen Bergwerken verbinden sollte. Im siebten Bauabschnitt sollte die Hauptachse in west-östlicher Ausrichtung die Verwaltungs-, Versorgungs- und Repräsentationsbauten wie Theater, Volkshalle, Parteihaus, DAF-Gebäude und später dann Universität, Krankenhaus, das später in der Planung an die Lichtenberger Höhen verlegt wurde, und Reichswerkehauptverwaltung enthalten. Das Ganze sollte dann von einem Grünzug im Herzen der Stadt und einem See als Lunge der Stadt eingerahmt werden.

Aber bis 1938 war noch nicht wirklich klar, ob und gegebenenfalls wie die vielen kleinen Dörfer in die neue Stadt integriert werden sollten. Die kommunalpolitische Entscheidung fiel mit dem Gesetz, durch das ab 1.4.1942 aus allen 28 Gemeinden die „Stadt Watenstedt-Salzgitter" entstand. Damit wurde auch der Namensstreit um die neue Stadt entschieden. Der bis dahin verwendete Arbeitstitel „Hermann-Göring-Stadt" war nunmehr Geschichte.

Generell war die Umsetzung der Planung mehr als nur unausgereift. „Es wurde von einem Torso einer Großstadt gesprochen", sagt Reinhard Obst. Zwar sei vieles geplant gewesen, gebaut wurden aber nur die rudimentärsten Dinge. Es entstanden etwa 5.000 Wohneinheiten in äußerst unterschiedlicher Qualität. „Es fehlte an Baumaterial und Bauarbeitern, der Krieg behinderte vieles", berichtet er. Es gab kaum Versorgungseinrichtungen. Auch die Straßen waren mangelhaft ausgeführt, Gehsteige waren überhaupt nicht angelegt worden.

„Hermann Göring kam noch ein zweites Mal auf die Lichtenberger Höhen", erzählt Obst, „das war am 13. Juli 1939." Damals soll er einige wichtige Änderungen an den Plänen vorgenommen haben, auch um sich in den Konkurrenzkampf von Hannover und Braunschweig mit „seiner" Stadt einzuschalten.

Wenn die Stadt wie geplant gebaut worden wäre, hätte man heutzutage eine ganz andere Aussicht auf das Tal unterhalb der Lichtenberger Höhen. Aber der Krieg und die Überwindung des nationalsozialistischen Regimes sorgten für eine andere Entwicklung. Deshalb hat man heute einen wunderbaren Blick auf die grüne Idylle von einer Stelle aus, von der damals Hermann Göring, einer der schlimmsten Verbrecher des Dritten Reichs, hinabblickte und Visionen hatte.

Mike Durlacher

So geht's zur Kanzel:

Der Burgbergstraße in Lichtenberg hinauf in Richtung der Burg folgen und am Parkplatz Lichtenberg halten. Gegenüber, auf der anderen Straßenseite, befindet sich die Kanzel.

Maike Weth erklärt, was es mit diesem Gebilde auf sich hat.

32

Einmannbunker
Überbleibsel einer dunklen Zeit

Man muss erst ein Stück an einer viel befahrenen Straße entlanggehen, dann eine Weile durch den Wald laufen – und plötzlich steht man vor dem schmalen Betonbau, der nicht viel höher ist und nicht viel mehr Umfang hat als ein Mensch. „Das ist ein Einmannbunker, in dem sich einzelne Wachleute vor Angriffen schützen konnten", sagt die Mitarbeiterin des Arbeitskreises Stadtgeschichte e.V., Maike Weth. „Früher standen sie an allen Lagergrenzen. Und im Salzgittergebiet gab es etwa

Ein Einmannbunker mitten im Wald.

60 bis 70 Barackenlager. Sie sind im Zuge des Aufbaus der Reichswerke Hermann Göring und weiterer Produktionsstätten sowie dem Aufbau der neu geplanten Stadt entstanden." Bis auf wenige seien die Bunker – oder auch Splitterschutzzellen – mittlerweile verschwunden.

Dieser Einmannbunker im heutigen Streitholz gehörte zum Lager 21. „Es handelte sich dabei um ein Arbeitserziehungslager", erzählt die junge Historikerin. Solche Lager entstanden ab 1940 und unterstanden der Geheimen Staatspolizei. Sie wurden genutzt, um die Arbeiterschaft zu disziplinieren. „Hier waren Menschen wegen so genannter Arbeitsbummelei inhaftiert, aber auch unerlaubte Kontakte zwischen Deutschen und Zwangsarbeitern oder Kritik an dem System konnten zu einer Haft im Lager 21 führen." Das Lager 21 wurde bereits im Juni 1940 errichtet und war schnell in der Bevölkerung und weit darüber hinaus bekannt und gefürchtet. Neben dem Männerlager entstand zwei Jahre später auch ein Lager für Frauen. Die Haftzeit betrug im Schnitt drei bis acht Wochen. „Wir wissen aber auch von Menschen, die hier ein halbes Jahr inhaftiert waren", sagt Maike Weth. „Sie mussten bis zur Erschöpfung arbeiten, Rechte hatten sie quasi keine und die Versorgung war katastrophal", schildert sie den Charakter des Lagers. „Arbeitserziehung" bedeutete für die Häftlinge, sieben Tage die Woche zehn bis zwölf Stunden zu arbeiten. Weggeholt aus ihrem Leben und damit auch von ihrem eigentlichen Arbeitsplatz, wurde so ihre Arbeitskraft weiterhin genutzt. Man wies sie unterschiedlichen Arbeitskommandos zu. Eines der härtesten war das Kommando „Schlacke Drütte". Dort musste die heiße Schlacke mit Spitzhacken zerkleinert und mit kaum geschützten Händen auf Waggons geladen werden. Neben den Arbeitskommandos in und rund um das Stahlwerk wurden die Männer und Frauen vor allem auch in der Landwirtschaft zur Arbeit eingesetzt.

Während der gesamten Dauer ihrer Inhaftierung waren sie den Schikanen und den Misshandlungen ihrer Bewacher ausgesetzt.

„Hier waren Menschen wegen so genannter Arbeitsbummelei inhaftiert, aber auch unerlaubte Kontakte zwischen Deutschen und Zwangsarbeitern oder Kritik an dem System konnten zu einer Haft im Lager 21 führen."

„Hierfür wurde eine Gruppe der Ordnungspolizei aus dem Polizeireservebataillon im Lager 25 B – heute befindet sich dort ein Sportplatz – sowie von Werkschutzleuten der nahegelegenen Reichswerke Hermann Göring übernommen", berichtet die Historikerin. Die Aufsicht der weiblichen Häftlinge erfolgte durch Frauen, die die Gestapo eingestellt hatte.

26.000 bis 28.000 Männer und zwischen 7.000 und 12.000 Frauen seien hier in den Jahren 1940 bis 1945 inhaftiert gewesen, unzählige kamen aufgrund der katastrophalen Zustände zu Tode. Sie wurden zunächst auf dem nahegelegenen Friedhof Westerholz und ab Sommer 1943 auf dem neu eingerichteten „Ausländerfriedhof" Jammertal (siehe Geheimnis 25) beigesetzt.

Eva-Maria Bast

So geht's zum Einmannbunker:

Der Waldweg geht vom Westerholzweg in Hallendorf ab, kurz vor einer Grünbrücke. Die beste Parkmöglichkeit befindet sich an der nächsten Stichstraße am Umspannwerk. Wenn man mit dem Rücken zum Umspannwerk steht, geht man den Westerholzweg bis zum nächsten Weg nach links und dort in den Wald hinein. Wenn man den nächsten Abzweig nach rechts nimmt, kommt man auf den Einmannbunker zu.

33

Glockenturm

Ein architektonisches Glaubensbekenntnis

Wer das erste Mal die Schlosskirche St. Maria Magdalena in Salzgitter-Salder innerhalb des Kirchhofes umrundet, wird sich über ein kleines Fachwerkgebäude im westlichen Teil hinter der Kirche wundern. Nicht, weil es sich um Fachwerk handelt, das ja für ein altes Dorf nichts Außergewöhnliches darstellt, sondern weil es auf der der Kirche zugewandten Seite moderne Lamellenblenden aufweist. Der Betrachter wird dabei vielleicht an einen überdimensionalen Lautsprecher erinnert – und damit liegt er gar nicht so falsch.

„Es ist ein Glockenturm", erläutert die Ortsheimatpflegerin Renate Vanis, „er wurde etwa 50 Jahre nach der Errichtung der Schlosskirche 1717 gebaut. Da die Glocken nicht in der Vierungskuppel der Kirche aufgehängt werden konnten, wurde zunächst ein provisorisches Gerüst für die Glocken aufgestellt, das 1769 dem einstöckigen Glockenturm Platz machte. Die modernen Lamellen, die als Schallblenden dienen, wurden erst 1993 anlässlich einer Renovierung des Gebäudes angebracht." Die drei Glocken im Turm sind aus Stahl und wurden erworben, nachdem man ihre bronzenen Vorgängerinnen zum kriegsbedingten Einschmelzen hatte abliefern müssen.

„Mit dieser deutlich evangelischen Quersaalkirche wollte der Erbprinz demonstrieren, dass er sich keinesfalls der katholischen Kirche zuzuwenden gedenke wie sein Vater, sondern unbedingt Lutheraner bleiben wolle."

Die Ortsheimatpflegerin ist auf vielfältige Weise mit Salder verbunden. Sie lebt seit ihrer Geburt hier und arbeitet als wissenschaftliche Mitarbeiterin am Museum Schloss Salder; studiert hat sie Mineralogie. Und natürlich kennt sie die Geschichte von St. Maria Magdalena bestens.

Ortsheimatpflegerin Renate Vanis am Glockenturm der Schlosskirche in Salder.

Die Schlosskirche in Salder.

Aus jüngerer Zeit kann sie gar von einem etwas unheimlichen Ereignis aus eigener Anschauung berichten. Anfang der 1960er-Jahre musste die Kirche vollständig renoviert werden. „Dabei fand man unter dem Fußboden das Skelett einer Frau", erzählt Renate Vanis. „Wahrscheinlich stammte es aus einem Grab, das sich schon vor der Errichtung der damals neuen Kirche hier befand. Das Besondere an dieser Frauenleiche aber war, dass sie ganz feuerrote Haare hatte, was in dieser Gegend auf natürliche Weise nicht vorkommt." Man vermutete, dass für die rote Haarfarbe möglicherweise eine Arsenvergiftung verantwortlich war. Der Kopf wurde eine Zeitlang in der Kirche auf einer Bank deponiert, und jeder, der wollte, durfte ihn sich ansehen. „Das hat viele Erwachsene und Schüler aus der Umgebung nach Salder geführt. Die Leiche ist nach einiger Zeit dann wieder begraben worden, an welchem Ort, ist mir aber nicht bekannt", sagt die Ortsheimatpflegerin.

Doch zurück zur Geschichte der Schlosskirche. Das Adelsgeschlecht derer von Salder (oder Saldern) hatte Ende des 17. Jahrhunderts finanzielle Schwierigkeiten und musste seinen Stammsitz verkaufen. Erbprinz August Wilhelm von Braunschweig und Lüneburg (1662-1731) erwarb Dorf und Schloss Salder und ließ es zu seiner Sommerresidenz umgestalten. Er war der Sohn des zum Katholizismus konvertierten regierenden Herzogs Anton Ulrich und sein designierter Nachfolger, und er erwarb auch das Patronat über die Kirche, was für ihn offenbar große Bedeutung besaß.

Der Erbprinz ließ die baufällige Vorgängerkirche, die aus mittelalterlicher Zeit stammte, abreißen und beauftragte den braunschweigischen Architekten und Festungsbaudirektor Johann Caspar von Völcker (1655-1730) mit der Planung einer neuen Kirche an gleicher Stelle, die sowohl der Gemeinde wie auch dem Hof zur Verfügung stehen sollte. Bauherr und Architekt wählten die Raumform, die damals im protestantischen Kirchenbau die modernste war, die so genannte Quersaalkirche. Bei ihr steht der Altar in der Mitte der Kirche – rechts und links flankiert von den Sitzen der Gläubigen – und nicht in einem abgegrenzten Chorraum wie in katholischen Kirchen.

„Es ist ein Glockenturm. Er wurde etwa 50 Jahre nach der Errichtung der Schlosskirche 1717 gebaut. Da die Glocken nicht in der Vierungskuppel der Kirche aufgehängt werden konnten, wurde zunächst ein provisorisches Gerüst für die Glocken aufgestellt, das 1769 dem einstöckigen Glockenturm Platz machte."

Renate Vanis sagt: „Mit dieser deutlich evangelischen Quersaalkirche wollte der Erbprinz demonstrieren, dass er sich keinesfalls der katholischen Kirche zuzuwenden gedenke wie sein Vater, sondern unbedingt Lutheraner bleiben wolle." Die Kunsthistorikerin Kathrin Ellwardt fasste ihre Forschungen zur Schlosskirche Salder in einem Satz so zusammen: „Der Kirchenbau in Salder ist somit als August Wilhelms architektonisches Glaubensbekenntnis zu verstehen." Und dieses war kilometerweit zu hören – dank des Glockenturms.

Georg Ruppelt

....

So geht's zum Glockenturm:

Der Kirchturm von St. Maria Magdalena ist aus jeder Richtung gut zu sehen. Die Kirche steht in der Museumstraße.

34

Seelilien in der Mauer

Mit Trochitenkalk gebautes Schloss

D as Kuriosum ist leicht zu übersehen. Man muss dicht davorstehen und genau hinschauen. Andererseits: Es gab durchaus schon Menschen, die mussten davon abgehalten werden, die Gartenmauer des Schlosses in Salder mit einem Hammer zu bearbeiten, wie Ortsheimatpflegerin Renate Vanis schmunzelnd erzählt. Und das nicht etwa, weil Diamanten, Edelsteine oder Blattgold die alte Mauer zieren. Wer einmal ums Schloss herumgeht und die Mauer im Blick behält, der sieht irgendwann: Versteinerungen, Muscheln, Trochiten. „Sie stammen aus der oberen Muschelkalkzeit, dem Trochitenkalk", erklärt Renate Vanis.

Die Schlossmauer stand natürlich nie im Muschelkalkmeer, und die Steine wurden auch nicht in Salder angeschwemmt. „Sie stammen wahrscheinlich aus den Lichtenbergen und dem Salzgitter-Höhenzug und wurden im späten 17. Jahrhundert oder frühen 18. Jahrhundert verbaut", sagt die Ortsheimatpflegerin. Bereits seit dem Mittelalter sei in den herzoglichen Werksteinbrüchen, wie zum Beispiel im Trochitenkalkbruch im Hardewegforst in Gebhardshagen, das Gestein abgebaut worden. „Das war ein guter Werkstoff, der gern genutzt wurde", erklärt Renate Vanis. So wird es viele Gebäude im Salzgitter-Gebiet geben, die mit Trochitenkalk gebaut wurden. Nicht auszudenken, was für Versteinerungen noch in so manch einer Kirchenmauer stecken!

Es war vor rund 210 Millionen Jahren, als die Region überflutet wurde und ein Meeresbecken entstand, in dem sich Kalke ablagerten. Noch heute gibt es in Salzgitter zahlreiche Kalksteinvorkommen entlang des so genannten Lichtenberger Sattels.

Der Trochitenkalk wird so genannt, weil man die versteinerten Trochiten darin zuhauf findet. Trochiten sind zu Stein gewordene, scheibenförmige Stielglieder der Seelilien. Deren Krone und Stiele zerfielen relativ schnell in ihre Einzelteile – und können so auch im 21. Jahrhundert noch gefunden werden.

....

Muscheln und Trochiten: Die unscheinbare Schlossmauer
wartet mit allerlei Besonderheiten auf.

Hinter der Mauer führt die Treppe in das heutige Museum hinein.

Dass Schloss und Fossilien heute noch zu sehen sind, verdankt Salzgitter dem Braunschweiger David Sachse (gest.1631). Der begann 1608 mit dem Bau des Renaissance-Schlosses, nachdem er das Gut von Statius von Münchhausen (1555-1633) gekauft hatte. Ursprünglich war es der Stammsitz derer von Salder. Aber die Herren Jacob und Heinrich waren verarmt – da half nur die Verpfändung des Grundstücks.

Das Schloss hat in den folgenden Jahrhunderten eine wechselhafte Geschichte erlebt. So wurde es während des Dreißigjährigen Krieges (1618-1648) stark verwüstet, im 17. Jahrhundert zweimal von der Familie von Salder zurückgekauft und schließlich vom Braunschweiger Erbprinz August Wilhelm (1662-1731) erworben, der den Renaissance-Wohnsitz in eine Barock-Perle verwandelte. Von seinen Nachfolgern wurde das Schloss den herzoglichen Domänen angeschlossen. 1939 kauften die Reichswerke Hermann Göring das Gut. 1955 wurde das Schloss von der Salzgitter AG der Stadt Salzgitter übergeben, 1962 öffnete das „Museum Schloss Salder" seine Pforten. Seitdem ist Ruhe eingekehrt – wenn man mal absieht von den Besuchern, die sich die Ausstellungen ansehen.

Übrigens, wer ein paar Trochiten finden möchte, braucht nur wachen Blicks rund um die Burg Lichtenberg zu spazieren. Dort finden sich jede Menge „Sonnenräder" – so nannten die Germanen die Trochiten, die sie als Talisman trugen. Und wer wirklich nur gucken möchte, kann an der Schlossmauer einen Blick in die Vergangenheit werfen.

Valea Schweiger

So geht's zu den Seelilien in der Mauer:

Die Versteinerungen sind auf der Rückseite des Schlosses Salder, Museumstraße 34, in einer Mauer zu entdecken, hinter der sich eine Treppe befindet.

Der Gasthof Zum Dorfkrug, in dem sich das Museum befand.

35

Zum Dorfkrug

Als ein Museum im Gasthof war

Es ist im Juni 1692, als in den Gipsbrüchen bei Thiede in der Nähe von Wolfenbüttel ein riesiges prähistorisches Skelett freigelegt wird. Gottfried Wilhelm Leibniz (1646-1716) bittet seinen Wolfenbütteler Kollegen Hertel, es sorgsam bergen zu lassen und darauf zu achten, dass alle Umstände schriftlich festgehalten werden. „Während viele den Fund als einen Beleg für die Ansicht Hermann Conrings ansehen, dass die braunschweig-lüneburgischen Lande in vorgeschichtlicher Zeit von Riesen bewohnt worden seien, weist Leibniz an Hand eines Zahnes nach, dass man nicht die Überreste eines Menschen, sondern das Knochengerüst eines Mammuts oder See-Elefanten freigelegt habe", heißt es in der Biographie

Hartmut Alder am Eingang zum ehemaligen „Mammut-Museum", dem Gasthof Zum Dorfkrug. Die Buchstaben in der Eingangstür sind die Initialen ehemaliger Besitzer des Gasthofs, Ernst und Otto Rodermund.

von Eike Christian Hirsch *Der berühmte Herr Leibniz.* Keine Riesen also, sondern Mammuts bei Thiede: Das sollte sich bald jemand zunutze machen!

Die Geschichte der Gipssteinbrüche im Salzgitteraner Ortsteil Thiede beginnt 1404 und endet 1910. In dieser Zeit wurde der graue, grobkristalline Gips für Bauzwecke abgebaut und verarbeitet. Danach diente die am Südwesthang des Thieder Lindenberges gelegene und nunmehr mit Bäumen und Gebüsch zugewachsene Grube, die sich in Privatbesitz befindet, verschiedenen Zwecken. Einer, der darüber und über die Geschichte Thiedes stundenlang auf das Spannendste berichten kann, ist der Anlagenmechaniker und ehemalige Ortsbürgermeister der Salzgitteraner Ortschaft Nordost, Hartmut Alder. Seit seiner Kindheit interessiert er sich für die Geschichte des Ortes und hat über sie zahlreiche Publikationen vorgelegt.

Alder kennt natürlich auch eine Besonderheit des zentral im Ort gelegenen Gasthofes Zum Dorfkrug, die eng mit der Geschichte der Gipsgrube in Verbindung steht: Früher hätte in seiner Beschreibung das Wort „Museum" nicht fehlen dürfen. Denn der Besitzer des Gasthofs nahm sich der dortigen Fossilienfunde aus der letzten Eiszeit an. Dieser erste Fund wurde dadurch berühmt, dass sich Leibniz mit ihm beschäftigt und ihn in seiner *Protogaea – Die Erde in ihrer Urgestalt* sogar abgebildet hatte. Doch im Laufe des 19. Jahrhunderts gab es mehrere umfangreiche und für die Wissenschaft hochbedeutsame Funde.

Der Ortsheimatpfleger erklärt die Hintergründe: „Infolge des Tambora-Ausbruchs auf Java 1815 fiel 1816 der Sommer aus und es regnete ununterbrochen. Das führte zum Einsturz der Gipsbruchhänge hier in Thiede. Bei Aufräumarbeiten fand man dann Knochen verschiedener Tierarten." Die Brüder Röver, denen die Gipsgrube und der Gasthof im Ort gehörten, hätten umfangreiche Nachgrabungen ausführen lassen und dabei Knochen und Zähne von mehreren Mammuts und Wollnashörnern und vielen anderen Tierarten gefunden. Eine Sensation in der damaligen Zeit, nicht nur für die Wissenschaft! Denn „Familie Röver war begeistert", berichtet Hartmut Alder, „nannte ihre Gaststätte von nun an Zum Mammouth und stellte die Knochenfunde in der Gaststube gleich rechts vom Haupteingang aus – sehr zur Freude zahlreicher Gäste. Die Witwe des Gastwirts hat die Fossilien dann später dem Staatlichen Naturhistorischen Museum in Braunschweig überantwortet, wo ich sie 2002 in einem Depot in 15 Holzkisten wiederfand."

Es habe im 19. Jahrhundert noch mehr Knochenfunde von zahlreichen Tierarten gegeben, von denen einige wiederum im beliebten Ausflugslokal auf dem Thieder Lindenberg bis 1898 ausgestellt wurden. „Von Braunschweig war diese Gaststätte gut über einen Haltepunkt der Bahn in Leiferde zu erreichen."

Neben all den für die Wissenschaft so wichtigen Funden muss auch der Unternehmergeist der Gipsbruch- und Gaststätteneigner anerkannt werden, der eine breite Öffentlichkeit für Geschichte zu interessieren vermochte, indem Familie Röver etwas ganz Ungewöhnliches schuf: ein – heute nicht mehr bestehendes – Museum in der Gaststätte! Heute dürfte es, umgekehrt, nur wenige größere Museen geben, die ohne ein Café auskommen.

Georg Ruppelt

So geht's zum Dorfkrug:

Der Dorfkrug steht in Salzgitter-Thiede in der Straße Am Dorfkrug und hat die Hausnummer 6.

Betondeckel

Ein Loch, das nichts brachte

*H*artmut Alder steht auf einem eigenartigen Betondeckel, der im Boden versenkt ist. Groß, kreisrund und leicht gewölbt ist er. Wer nicht weiß, wo in Thiede er ihn suchen muss, findet ihn auch nicht. Doch der Ortsheimatpfleger kennt nicht nur die Lage des Deckels, sondern auch die bedeutsame Geschichte, die damit zusammenhängt. Und die hat etwas mit dem Abbau von Kalisalz zu tun.

„Insgesamt haben wir drei Schächte im Siedlungsgebiet", erzählt Hartmut Alder. In der Gründerzeit, nach der Gründung des Deutschen Kaiserreichs 1871, kam es in Deutschland zu einem allgemeinen Aufschwung der Wirtschaft. So auch in der Kali-Industrie. 1872 wurden 16 Sondierungsbohrungen südlich von Thiede durch die Bohrgesellschaft Thiederhall durchgeführt: Es wurde tatsächlich Kalisalz gefunden! Und das bereits in einer Tiefe, der Bergmann sagt *Teufe*, von 100 Metern. Kalisalz war äußerst wichtig für die Nahrungsmittelproduktion, weil es ein außerordentlich wirksamer Dünger ist. „Auf dieser Seite, nördlich des Kalischachtwegs, war der Stollen 1, der ist aber heute nicht mehr zugänglich", sagt Alder. Dieser erste Schacht mit dem Namen Thiederhall I wurde 1885 zeitgleich mit der Umwandlung der Bohrgesellschaft Thiederhall in die Gewerkschaft Thiederhall angelegt. Der Schacht hatte an der Oberfläche einen Durchmesser von 2,85 Metern, unten einen Durchmesser von 3,25 Metern, wurde mit zunehmender Tiefe also breiter. Er wurde bis in das Jahr 1891 immer weiter in die Erde getrieben und erreichte eine Endtiefe von etwa 500 Metern.

Mit der Eröffnung des Kalischachts zogen etwa 600 Menschen nach Thiede, allesamt Bergbauleute mit ihren Familien. „Viele dieser Familien kamen aus dem Westen, etwa aus Elsaß-Lothringen. Aus dem Osten kamen viele Familien aus Oberschlesien. Beides waren bekannte Bergbaugebiete", erläutert der Ortsheimatpfleger und ehemalige Ortsbürgermeister. Da diese Leute zunächst keine Bleibe fanden, wurden

Hartmut Alder auf dem Betondeckel des verfüllten Schachtes Thiederhall Ia.

die „Kali-Häuser" gebaut, vornehmlich an der Frankfurter Heerstraße. „Das war eine der wichtigsten Straßen hier und führte von Frankfurt nach Lüneburg", so Alder. In diesen Kali-häusern lebten jeweils ungefähr vier Familien, also etwa 20 Personen. „Das wäre heute undenkbar, heute fände es ja schon eine Familie eng", kommentiert Hartmut Alder die damalige Wohnsituation.

Der dritte Schacht, der offiziell Thiederhall II heißt, liegt heute auf dem Gelände einer Buchbinderei in deren Garten. Dieser Schacht wurde von 1912 bis etwa 1916 angelegt und erreichte eine Tiefe von 615 Metern. Auf verschiedenen Ebenen oder, wie der Fachmann sagt, auf verschiedenen Sohlen, war dieser mit dem Stollen Thiederhall I verbunden. Der Schacht ist gut zu erkennen, es ist ein kreisrunder Fleck barer Erde, in dessen Mitte sich eine Art Gullydeckel befindet. Beschattet wird der Schachtdeckel von den umstehenden Obstbäumen. Aber wie kommt es, dass der dritte Schacht die Nummerierung *II* erhielt? „Das liegt daran, dass es tatsächlich der dritte war, der angelegt, aber der zweite, über den gefördert wurde", löst Hartmut Alder das Rätsel.

Das Wasserwerk des alten Kali-Bergwerks.

Der als zweiter angelegte Schacht trägt die offizielle Bezeichnung Thiederhall Ia, sein Zugang befindet sich hinter einer Tankstelle. Der Schacht wurde 1909 angelegt und hat in einer Tiefe von 300 Metern eine Verbindung zum ersten Schacht. Aber weil der Schacht den bergpolizeilichen Voraussetzungen nicht genügte, wurde er von der Behörde nicht abgenommen und durfte daher nicht zur Förderung in Betrieb genommen werden. „Der Schacht wurde aber nicht wieder zugeschüttet, sondern blieb offen, um das so genannte *Wetter* unter-tage zu verbessern. Damit ist im Bergbau die Versorgung mit Frischluft untertage, das *Frischwetter*, gemeint", klärt der Heimatkenner auf.

Auch sollte über diesen Stollen das so genannte *Abwetter* aus den Stollen gezogen werden. Das Abwetter kann in mattes Wetter, böses Wetter und Schlagwetter unterteilt werden. Mattes Wetter sei einfach Luft, die schon zu verbraucht ist und zu wenig Sauerstoff enthält, wie Alder erklärt. Böses Wetter wiederum sei Luft, die zum Beispiel durch giftige Gase wie Schwefel oder Kohlenstoffmonoxid verunreinigt wurde und so beim Einatmen zum Ersticken führe. *„Schlagwetter* ist eine hochexplosive Mischung aus Methan und Sauerstoff, die bereits beim kleinsten Funken explodieren kann", verdeutlicht Alder die damit verbundene Gefahr. Ein weiterer Grund, warum der Schacht

„Viele dieser Familien kamen aus dem Westen, etwa aus Elsaß-Lothringen. Aus dem Osten kamen viele Familien aus Oberschlesien. Beides waren bekannte Bergbaugebiete."

Thiederhall Ia nicht zur Förderung genutzt wurde, ist, dass es hier schlichtweg nichts zu fördern gab, denn man stellte fest, dass der Kalisalzstock andernorts verlief.

Mit der Inflationszeit Anfang der 1920er-Jahre und der einsetzenden Konzentration auf einzelne Förderstandorte kam auch das Ende des Kaliwerks in Thiede. Der Stollen Thiederhall II wurde dann später, von 1978 bis 1990, vom nahegelegenen VW-Werk noch genutzt, um Industrieschlämme einzulagern. Thiederhall Ia wurde als letzter Schacht 2009 mit Schotter verfüllt. Geblieben ist der eigenartige Betondeckel, den kaum jemand beachtet, obwohl er doch an ein bedeutendes Stück Thieder Geschichte erinnert.

Mike Durlacher

....

So geht's zum Betondeckel:

Den Schacht mit dem Betondeckel findet man hinter den Garagen, wenn man bei der Tankstelle in der Frankfurter Straße 142 in den kleinen Weg einbiegt.

37

Rübenburg
Dörfliche Villen in Reppner

Wenn man etwa einen Süddeutschen fragt, ob er wisse, was eine Rübenburg sei, wird er dies mit einiger Sicherheit verneinen: „Rübenberg? Ja. Aber Rübenburg? Keine Ahnung!" Das ist nicht verwunderlich, denn das Wort Rübenburg oder auch Rübenpalast oder Rübenschloss ist nur in den Regionen um Braunschweig und Magdeburg gebräuchlich. Dort bezeichnet man so seit dem Ende des 19. Jahrhunderts vereinzelt stehende prächtige Villen in einigen Dörfern. Wie aber kommen sie zu ihrem Namen? Der ehemalige Kulturamtsleiter der Stadt Salzgitter und Vorsitzende des Geschichtsvereins Dr. Jörg Leuschner erläutert an zwei dieser Bauten in Reppner, was es damit auf sich hat: „Die damals neu erbauten Villen wurden von Bauern in Auftrag gegeben, die durch Rübenanbau reich geworden waren, daher der Name Rübenburg. Die Bezeichnung hatte einen spöttischen Unterton, denn manche dieser Bauten empfand man als zu protzig."

Die Villen unterscheiden sich von der Architektur und vom Baumaterial her gesehen vollkommen von den früher üblichen dörflichen Fachwerkbauten und natürlich auch von der modernen Bebauung unserer Zeit. Das Baumaterial dieser stattlichen Villen ist Stein; es gibt verschiedene, häufig dem Barock oder der Renaissance nachempfundene Zierelemente wie Türme und Türmchen, Säulen, Giebel, Balkone, prachtvolle Treppenaufgänge, Freisitze, Fenstereinrahmungen und weiteres mehr.

„Die Bezeichnung hatte einen spöttischen Unterton, denn manche dieser Bauten empfand man als zu protzig."

Kurz gesagt, es sind Gebäude, wie wir sie deutschlandweit aus der so genannten Gründerzeit nach der Reichsgründung 1871 aus Städten kennen. Bis zum Ende des vorletzten Jahrhunderts waren derartig großzügig angelegte Gebäude auf dem Lande den Domänen des Adels vorbehalten.

Diese prachtvolle Villa steht in Reppner. Doch warum trägt sie den Namen „Rübenburg"?

Seit Mitte des 19. Jahrhunderts befand sich die Landwirtschaft im Aufwind. Die Gründe dafür waren einmal die Befreiung der Bauern von ihren hohen Abgaben, etwa den „Zehnten", zum anderen die Entdeckung neuer Düngemittel sei es Guano von Übersee oder etwa Kalisalz, das übrigens hier in der Region – unter anderem bis 1964 in der Asse – abgebaut wurde.

An der Zuckerrübe verdienten die sie anbauenden Landwirte mehrfach, einmal durch den Verkauf, zum anderen aufgrund der Gewinne der überall in der näheren Umgebung entstehenden Zuckerfabriken, an denen sie als Aktionäre Anteile hatten. Überdies ist das Kraut der Zuckerrübe ein ergiebiges Viehfutter.

Leuschner sagt: „Manche Eigentümer von Rübenburgen klagen heute über die hohen Kosten für den Unterhalt der großzügigen Gebäude. Es gibt einige Rübenburgen, die vom Verfall bedroht sind. Gleich zwei gut restaurierte und gepflegte Prachtstücke ihrer Art hingegen finden wir in Reppner. Die eine Rübenburg steht an der Ostseite des Dorfplatzes, Külzenberg 2, erbaut 1904/05. Das zweite Exemplar finden wir an der Lesser Straße 11." Das in den Jahren 1896/97 erbaute Wohnhaus habe allerdings seine oberste Etage am Ende des Krieges durch amerikanischen Artilleriebeschuss verloren.

Heute werden Rübenburgen als architektonische Besonderheiten des jeweiligen Dorfes geschätzt und erhalten, wo immer dies möglich ist. Sie erhöhen auf diese Weise auch die Attraktivität der Gemeinde.

Georg Ruppelt

....

So geht's zur Rübenburg:

Von Salzgitter-Lebenstedt in westlicher Richtung die Westfalenstraße entlang fahren, am Salzgittersee vorbei, bis zum Ende der Straße. Dann rechts ab 400 Meter bis zur Dorfmitte von Reppner. Die Straße gabelt sich dort in die Lesser Straße (nach links) und den Külzenberg (nach rechts). In beiden steht eine „Rübenburg".

Klaus Gossow auf einer unscheinbaren Treppe mit einer großen Geschichte.

38

Treppe
Herzog auf Abwegen

„Warum diese Treppe Herzogtreppe heißt, das weiß heute kein Mensch", sagt Klaus Gossow, „die Geschichte, die hinter diesem Namen steht, ist schon lange vergessen." Gemeint ist die kleine, etwas zugewachsene Treppe, die vom Parkplatz an der Kreisstraße aus zur Burg Lichtenberg führt. „Mit dem Namen hat es folgende Bewandtnis", beginnt der ehemalige Leiter des Tiefbauamts zu erzählen: Die Welfen-Linie Braunschweig-Wolfenbüttel war 1884 ausgestorben." Wilhelm August, Herzog zu Braunschweig und Lüneburg (1806-1884) hatte nie geheiratet und keine

139

legitimen Erben hinterlassen, und so erlosch mit ihm das „Neue Haus Braunschweig", eine Linie der Welfen. Daraufhin beschloss der Bundesrat des Deutschen Reichs am 2. November 1885 auf Bestreben Preußens hin, dass Prinz Albrecht von Preußen (1837-1906) das Herzogtum Braunschweig regieren sollte. Denn Preußen wollte nicht, dass ein Welfe auf dem Thron sitzt: Ernst August, Duke of Cumberland (1845–1923) aus dem Haus Hannover, hatte Ansprüche auf das Herzogtum angemeldet. Als Prinz Albrecht von Preußen 1906 starb, übernahm Herzog Johann Albrecht zu Mecklenburg (1857-1920) die Regentschaft.

„Und dann ist er zu Fuß dieses Treppchen hinaufgestiegen. Seitdem heißt das die Herzogtreppe."

Dieser Herzog Johann Albrecht besuchte 1912 mit seinem Hofstaat das Dorf Lichtenberg, das heute ein Stadtteil Salzgitters ist. „Es herrschte wegen dem bevorstehenden Besuch eine große Aufregung und alle Honoratioren der Stadt haben sich in Schale geschmissen", schildert Klaus Gossow das besondere Ereignis. Der „Verschönerungsverein der Burg Lichtenberg" zimmerte aus Pappmaché ein großes Tor, durch das der Fürst mit seinem Gefolge schreiten sollte. Und die Lichtenberger standen da und wollten den Herzog mit seinem Gefolge empfangen.

Nun wird es spannend. Gossow erzählt: „Sie warteten und warteten. Und plötzlich fiel ihnen der Herzog buchstäblich in den Rücken. Er war nämlich gar nicht hoch- und daher auch nicht durch dieses Tor gefahren, sondern er hatte seine Wagen dort stehen lassen, wo sich heute der Parkplatz befindet. Und dann ist er zu Fuß dieses Treppchen hinaufgestiegen. Seitdem heißt es Herzogtreppe."

Das Tor blieb für alle Zeiten undurchschritten.

Eva-Maria Bast

....

So geht's zur Treppe:

Sie befindet sich gegenüber dem Parkplatz an der Kreisstraße 1 zwischen Lichtenberg und Oelber am weißen Wege unterhalb der Burg Lichtenberg.

„Kanzleistraße" – diesen Straßennamen haben die Calbechter Karl Himstedt zu verdanken. Das Schild ist noch das Original.

39

Kanzleistraße

Wie Calbecht zu seinen Straßennamen kam

Namen sind nur Schall und Rauch? Oh nein, ganz bestimmt nicht! Man nehme zum Beispiel das kleine Örtchen Calbecht. Dort gibt es unter anderem die Landstraße, die Untere Dorfstraße, die Obere Dorfstraße – ganz normale Straßennamen. Und es gibt die Kanzleistraße. „Es gibt immer wieder Menschen, die mich fragen, wieso die Straße so heißt", berichtet Ortsheimatpflegerin Lilli Fach. Gab es früher eine Kanzlei in der Straße? Anwälte, Richter, gar ein Gericht? Irgendetwas, das mit der Justiz zu tun hat?

Auch dieses Schild stammt noch aus der alten Zeit. Ortsheimatpflegerin Lilli Fach erzählt gern die Geschichte von Karl Himstedt und wie Calbecht zu seinen Straßennamen kam.

Aber nein! Es gab nur einen äußerst tatendurstigen, unverfrorenen aber durchaus kreativen Verwaltungsstellenleiter, der dem Dorf seinen Stempel oder besser gesagt: seine Straßennamen, aufgedrückt hat – bis heute! Die Rede ist von Karl Himstedt.

Damals, in den Jahren rund um die Stadtgründung nach 1942, hatte Salzgitter-Watenstedt noch Verwaltungsstellen. In Calbecht hatte Karl Himstedt diesen Posten inne, wie Robert Beister in *Calbecht. Die Geschichte eines Dorfes in Salzgitter* schreibt. Der gebürtige Calbechter besserte sich so seine kleine Rente auf. „Es gab Anfang des Zweiten Weltkriegs aber noch keine Straßennamen, nur Nummern", erklärt Lilli Fach. Das wollte die Stadtverwaltung ändern und schickte den Ortsausschüssen ein Schreiben, in denen diese aufgefordert wurden, sich doch bitteschön gemeinsam Straßennamen für die 35 Wohnhäuser auszudenken. „Man sollte sich mit den Dorfältesten beraten", betont Fach.

„Gemeinsam? Pah! Das kann ich doch allein viel besser!", mag sich Himstedt gedacht haben – und zeigte den Brief einfach niemandem. Er machte sich selbst ans Werk und dachte sich die schönsten Straßennamen für sein Heimatdorf aus. Viele Namen hatten einen logischen Zusammenhang – so war zum Beispiel die Landstraße eine bekannte alte Durchgangsstraße am ehemaligen Dorfrand. Eine Straße aber stach heraus: die Kanzleistraße. Und das tut sie bis heute. Die Kanzleistraße heißt eben nicht so, weil einst ein ehrbarer Anwalt dort seine Plädoyers einstudiert hätte. Vielmehr hat sich Karl Himstedt einen Zacken zu wichtig genommen. Himstedt hatte in der Straße nämlich seine Schreibstube. Täglich ging er von seinem Haus ein paar Meter weiter die Straße entlang, um in die Tasten zu hauen. „Und er fand sich eben wahnsinnig bedeutsam", sagt Lilli Fach. „Karl Himstedt (...) nannte gern sein Schreibzimmer Kanzlei, um ihm eine größere Gewichtigkeit zuzuschreiben", berichtet Robert Beister. Und deswegen heißt die Kanzleistraße heute Kanzleistraße und nicht Schreibstubenstraße. Oder Bürostraße.

„Es gibt immer wieder Menschen, die mich fragen, wieso die Straße so heißt."

Am Ende flog der tüchtige Verwaltungsstellenleiter natürlich auf. Irgendwann musste er dem Ortsausschuss ja beichten, was er getan hatte. Er kam allerdings mit einem blauen Auge davon, eine Strafe gab es für ihn nicht. Glück gehabt! Mittlerweile ist Karl Himstedt schon viele Jahrzehnte tot, und in dem Haus, in dem sich seine ehemalige „Kanzlei" befand, ist heute ein Reiterhof untergebracht. Seine Straßennamen aber, die sind geblieben.

Valea Schweiger

So geht's zur Kanzleistraße:

Das alte Schild „Kanzleistraße" befindet sich, kurz bevor die Kanzleistraße in Calbrecht einen Knick macht, an einer roten Backsteinmauer.

Selig sind, die reines Herzens
sind, denn sie werden Gott schauen.
Matth. 5. V. 8.

Wilhelm Maßmuß
Konsul des Deutschen Reiches
geb. 14. Febr. 1880, gest. 29. Nov. 1931.
Irma Maßmuß
geb. 8. Dez. 1884, gest. 10. März 1974

40

Waßmuß-Grabmal

Deutscher T. E. Lawrence aus Ohlendorf

Auf dem kleinen Friedhof in Salzgitter-Ohlendorf ist eine ansehnliche und sehr gepflegte Grabstätte nicht zu verfehlen. Das Kreuz aus schwarzem, polierten Stein trägt einen Vers aus den Seligpreisungen: *Selig sind, die reinen Herzens sind, denn sie werden Gott schauen. Matth. 5.V.8.* Darunter, am Fuß des Kreuzes, steht: *Wilhelm Waßmuß / Konsul des Deutschen Reiches / geb. 14. Febr. 1880. gest. 29. Nov. 1931.* Auch Name und Lebensdaten seiner Ehefrau Irma Waßmuß (1884-1974) sind dort zu finden. Die nüchterne Inschrift lässt nicht vermuten, welch spannendes und abwechslungsreiches Leben der hier Beerdigte führte.

Die Gedenktafel an der Bushaltestelle in Ohlendorf an der Konsul-Waßmuß-Straße hilft da mit ihrem Text auf einem ca. einen Meter hohen Natursteinstein schon etwas weiter: WILHELM WASSMUSS / *14.2.1880 IN OHLENDORF † 29.11.1931 IN BERLIN / KONSUL DES DEUTSCHEN REICHES / FREUND DES PERSISCHEN VOLKES / WEGBEREITER DEUTSCHER ENTWICKLUNGSHILFE / GESTIFTET VON EISENGIESSEREI GEBRÜDER SCHREITEL 1982.

Einer, der sich mit Waßmuß auskennt, ist Dr. Hendrik Gröttrup. Der Jurist, ehemaliger Kämmerer und Oberstadtdirektor von Salzgitter sowie danach jahrelanger Berater beim Aufbau kommunaler Verwaltungsstrukturen in fast der ganzen Welt, hat 2013 ein Buch veröffentlicht: *Wilhelm Wassmuss: Der deutsche Lawrence* zeichnet den Lebensweg eines in Ohlendorf im Landkreis Goslar – seit 1942 Ortsteil von Salzgitter – geborenen Mannes nach, der abenteuerlicher kaum sein kann. Älteren Lesern des Buches wird bei der Lektüre zwangsläufig Karl May einfallen. „Ein Dokumentarfilmunternehmen und ein Spielfilmregisseur zeigen großes Interesse an ihm", schmunzelt Gröttrup und hält in seiner Berliner Wohnung nicht ohne Stolz das Buch in seinen Händen.

„Dieses Buch habe ich nach meiner beruflichen Karriere aus Verwunderung darüber geschrieben, dass dieser Mann in Deutschland

Das Grabmal des Ehepaares Waßmuß in Salzgitter-Ohlendorf.

und besonders auch in Salzgitter nicht wahrgenommen wird", erklärt er. In der Tat findet sich im Stadtarchiv Salzgitter nur weniges über Waßmuß – so die ursprüngliche Schreibweise. Das hängt mit der besonderen Gründungssituation von Salzgitter zusammen und hat nichts mit der öffentlichen Wahrnehmung zu tun. Gröttrup hat sein Buch vor allem aus den Quellen im Politischen Archiv des Auswärtigen Amtes in Berlin generiert, wobei ihm zu Gute kam, dass Waßmuß von Jugend an ein fleißiger Tagebuchschreiber war. Sehr hilfreich war ihm dabei die spätere vollständige Beherrschung der Gabelsbergerschen Kurzschrift.

Der Waßmuß-Biograph Dr. Hendrik Gröttrup auf dem Balkon seiner Berliner Wohnung.

In Gröttrups Buch tritt uns ein ehrgeiziger Bauernsohn aus einer Familie mit sechs Kindern entgegen, der auf die Frage, „Was willst Du einmal tun?", als Goslarer Abiturient antwortet: „Dem Vaterlande im Auslande als Dolmetscher dienen." Während seines Jura-Studiums in Berlin, das von einem Verwandten finanziert wird, lernt er Arabisch. Später kommen andere orientalische Sprachen und Dialekte hinzu. Waßmuß war ein Kosmopolit, wie es früher hieß – heute würde man sagen, er dachte und lebte global. Offenbar kam er manches Mal mit Engländern besser zurecht als mit seinen eigenen Landsleuten. Waßmuß liebte die Musik und spielte mehrere Instrumente; später nahm er einen Flügel mit nach Persien. Gröttrup erzählt auch von „schwärmerischen Liebesbriefen" an seine Frau vor und nach der Eheschließung. Nach Studium und Referendarzeit leistete er seinen Einjährig-Freiwilligen Militärdienst bei der Matrosenartillerie in Bremerhaven. Danach begann seine Karriere als Diplomat und Kriegsteilnehmer.

Waßmuß war 1914 Konsul in Buschir am Persischen Golf. Alle Kriegsparteien versuchten damals, den Feind an seinen empfindlichen Stellen zu treffen: Der von T. E. Lawrence angezettelte Aufstand der arabischen Stämme gegen das Osmanische Reich lebt noch heute in der Erinnerung fort, nicht zuletzt durch den berühmten Film von 1962. Und das kaiserliche Deutschland versuchte, Britisch-Indien zu revolutionieren. Die sogenannte Afghanistan-Expedition scheiterte zwar, aber Waßmuß gelang es, allein auf sich gestellt, die Stämme Südpersiens zum Guerillakrieg gegen die Briten zu bewegen. Im Iran stand er noch bis in die Gegenwart als Vorkämpfer der persischen Unabhängigkeit in hohem Ansehen. Um gegen die von Waßmuß unterstützten Aufständischen vorzugehen, gründeten die Briten eine besondere Einheit. Waßmuß gelang es jedoch immer wieder, ihnen zu entkommen. Als sich die Niederlage des Deutschen Reichs abzeichnete, gaben auch die Perser ihren Widerstand auf. Waßmuß geriet in britische Kriegsgefangenschaft, aus der er erst 1920 entlassen wurde.

Die Parallelen zwischen den Aktivitäten von T. E. Lawrence auf der arabischen Halbinsel und in Palästina und von Wilhelm Waßmuß im Iran führten dazu, dass er von den Briten nicht ohne Sympathie als der „deutsche Lawrence" bezeichnet wurde. 1914 kehrte er in sein „Märchenland" zurück, kaufte aus Mitteln des Auswärtigen Amtes und aus seinem Privatvermögen Land und gründete eine Farm. Aus deren Erlös wollte er die Stämme bezahlen und seine finanziellen Versprechen einlösen. Das Projekt scheiterte jedoch. 1931 reiste Waßmuß als gebrochener Mann nach Berlin zurück und starb wenig später. Das von ihm geschaffene Mustergut Tschagodek aber wurde zum Vorbild für die weitere Entwicklung der Landwirtschaft in der Golfregion.

Die letzten Sätze in Gröttrups Buch lauten: „Wassmuss stirbt im einundfünfzigsten Lebensjahr. Eine dritte, letzte Bewährungsprobe, ob er, vielleicht wieder als Konsul des Deutschen Reiches, dem heraufziehenden Unheil des nationalsozialistischen Verbrecherregimes widerstanden hätte, muss er nicht mehr bestehen."

Georg Ruppelt

....

So geht's zum Waßmuß-Grabmal:

Das Grabmal auf dem Friedhof in Salzgitter Ohlendorf erreicht man, wenn man von der Konsul-Waßmuß-Straße nach Norden in den Beinumer Weg abbiegt. Dort ist der Eingang zum Friedhof.

*Hartmut Alder vor dem Stiftsgebäude. Am Kirch-
turm sind noch gut die alten Steine zu sehen.*

41

Mauersteine
Von der Burg ins Stift

„An einem Teil davon sind wir schon vorbei", verrät Hartmut Alder, Ortsheimatpfleger von Thiede, und deutet hinter sich auf das aus groben Steinblöcken bestehende Fundament der Pförtnerhäuschen. „Und gleich hier, an der Ecke dieses Hauses, sehen Sie die Steine? Das ist auch ein Teil", erzählt er weiter. „Und wenn wir nun zum Kirchturm hochschauen, dann finden

Sie auch dort einen Teil", ergänzt er und schmunzelt. Doch wovon redet der Heimatkenner nur? „Diese Steine stammen von der ehemaligen Steterburg, die einst gleich nebenan stand. Beim Wiederaufbau des Stiftes nach dem Dreißigjährigen Krieg wurden sie zweckentfremdet und in anderen Bauwerken verwendet – unter anderem im Stift Steterburg."

„Man kann die Steine recht gut ausmachen, sie sind gröber als das restliche Mauerwerk."

Lange Zeit war man der Meinung, dass das Stift heute an derselben Stelle steht, an der sich einst die Burg befunden hatte. Dies ist etwa dem Buch *Vaterländische Geschichten und Denkwürdigkeiten der Vorzeit* von Wilhelm Görges zu entnehmen: „Um das Jahr 1000 war die Steterburg oder die Burg Stedern eine Besitzung der Gemahlinn des Grafen Altmann von Alsburg oder Oelsburg, Namens Hedwig, welche sich mit ihrer Tochter Fredecunda auf ihr festes Schloß Steterburg begab, und in Gemeinschaft mit letzterer aus ihrem Schlosse ein Nonnenkloster machte". Diese Auffassung ist aber spätestens seit 1996 nichtig, als die alte Domäne des Stifts abgerissen wurde und man archäologische Relikte fand, die dies widerlegten.

Die Burg wurde wahrscheinlich im Zuge des Burgenbauedikts von Heinrich I. (876-926), dem König des Ostfrankenreichs, errichtet. Das Edikt sollte den Burgenbau fördern, um die Sachsen vor den einfallenden Magyaren, einem Reitervolk aus Ungarn, zu schützen. Weiterhin musste jeder neunte ländliche Krieger die Burg bemannen, während die übrigen acht ihn versorgten und zusätzlich ein Drittel der Ernte als Vorrat für die Burg aufbewahrten.

Im Zuge der Ungarneinfälle kam es auch zu einer Legendenbildung, laut der Attila der Hunne (gest. 453) bei der Steterburg eine Niederlage erlitt: „Dann als der Wuetrige Tyrann und Christenfeind Attila, der Hunnen König / nach dem er viel Laender durchstreifft / verheert und verwuestet mit einer grossen menge Barbarisches Volcks dieser Oerter sich auch sehen lassen und sein Muehtlein an den Sachsen kuehlen wollen / und die Kriegsleute / so auff Steterburg in Besatzung lagen / mit ganzer Macht heraus gefallen / haben das Heydnische Volck in die Flucht gebracht / viel davon erschlagen und sey er / der Tyrann und Bluthund / Attila selbst / mit Noth selbst sieben davon

Auch im Kirchturm sind die Steine der Burg verbaut.

kommen", wie Matthaeus Merian der Ältere (1593-1650) die Chronik des Stifts Steterburg in seinem Werk *Topographia und Eigentliche Beschreibung der Vornembsten Stäte* zitiert. Vermutlich ist damit eine tatsächliche Begebenheit gemeint: Ungarn, die nach Sachsen eingedrungen waren, wurden 938 von der Steterburger Besatzung besiegt. In diesem Zusammenhang wird die Steterburg auch das erste Mal in der berühmten *Sachsengeschichte* Widukinds von Corvey (um 925-973) erwähnt. Nach diesem Ereignis findet die Burg keine Erwähnung mehr.

Die Burg selbst war beinahe kreisrund mit etwa 140 Metern Durchmesser, umgeben war sie von einem etwa 5,5 Meter tiefen und fast neun Meter breiten Graben. Innen schütteten die Erbauer den Aushub des Grabens auf und verschalten ihn mit einer Steinmauer nach außen, sodass ein hoher Wall entstand, der wahrscheinlich von einem hölzernen Wehrgang gekrönt war. Vor der Burg befanden sich Handwerker- und Wohnhäuser, das so genannte *suburbium*.

Und hier entstand dann auch um das Jahr 1000 das Stift. Gegründet wurde es als Kanonissen-Stift. Kanonissen waren adlige Damen, die in einer geistlichen Gemeinschaft zusammenlebten und ihren Unterhalt durch das Stift hatten. Im Gegensatz zu Nonnen war den Kanonissen Privateigentum erlaubt, sie lebten auch nicht in Klausur. Sie hatten eigene Wohnungen, Diener, Ferien, und auch der Austritt aus dem Stift, eine Rückkehr in die säkulare Welt und Heirat, war ihnen erlaubt. Sie trugen keine Ordenstracht und das Haar offen.

Das Stift soll sich durch „gute Disciplin" ausgezeichnet haben und reich beschenkt worden sein. Doch dies erweckte natürlich Neid und Begehrlichkeiten. 1542 kam es zum Desaster: „Von der Stadt Braunschweig ward es mit Heeresmacht überfallen und erobert. Altäre, Taufstein, Chor und Orgel wurden in der Klosterkirche zerbrochen, die Bilder zerschlagen und zertrümmert; selbst die fürstlichen Leichname wurden nicht verschont, (...). Wahrhaft vandalisch ward auf dem Kloster gewüthet", schreibt Görges in den *Vaterländischen Geschichten*. Immerhin musste Braunschweig das Stift später wiederaufbauen: „Die Herzöge Rudolph August und Anton Ulrich ließen es (...) in gehörigen Stand setzen, worauf es besondere Statuten erhielt. Das Stift besteht aus einer Aebtissinn, einem Probste, und 11 Chanoinessen, welche sämmtlich von Adel sein müssen", hielt Görges fest. Knapp 80 Jahre später wurde das Stift 1627, während des Dreißigjährigen Kriegs, vom Kommandanten der Festung Wolfenbüttel, Graf Philipp von Solms (1593-1635), in Brand gesteckt, „alle Glocken gingen namentlich bei dieser Gelegenheit verloren".

Und schließlich 1641, kaum dass einiges wiederaufgebaut war, wurde es während der Belagerung Wolfenbüttels erneut in Brand gesteckt. Nach dieser wiederholten Zerstörung durch Kriege wurde das Stift wiederaufgebaut, teilweise haben die Handwerker dazu eben Steine, die man der alten Steterburg entnommen hat, verwendet. „Man kann die Steine recht gut ausmachen, sie sind gröber als das restliche Mauerwerk", zeigt Alder die wiederverwendeten Steine im Gemäuer.

Und so finden sich Steine, die einst den Ungarn standhielten, in einem Gebäude wieder, das nach wiederholter Zerstörung nun doch noch in friedlicher Atmosphäre Ruhe und Würde ausstrahlt.

Mike Durlacher

....

So geht's zu den Mauersteinen:

Die Mauersteine befinden sich in der Straße Stift sowohl an den Pförtnerhäuschen und dem Kirchturm als auch am Eck des Stiftsgebäudes des Stifts Steterburg in Thiede.

Altes Weghaus

Wahrzeichen einer wechselvollen Geschichte

W er heute auf der B 248 von Braunschweig nach Salzgit-ter-Bad oder in umgekehrter Richtung fährt, kommt im Ort Beinum an einem wenig auffälligen Einfamilien-haus vorbei. Es hat eine für die vergangenen Jahrzehnte recht typische Außenverkleidung und doppelt verglaste Fenster. Bemerkenswert ist allerdings, dass das Dach dieses Hauses seine Mau-erflucht zur Straße hin mehr als eineinhalb Meter überragt und durch Balken abgestützt wird.

„Tatsächlich ist dieses eher unscheinbare Haus etwa 240 Jahre alt", erklärt Dr. Jörg Leuschner, Salzgitters ehemaliger Kulturamtsleiter und aktueller Vorsitzender des Geschichtsvereins Salzgitter. „Der Name Altes Weghaus oder Zollhaus lässt erkennen, dass Beinum einmal ein Grenzort war. Der ursprüngliche offizielle Name war übrigens *Chaus-seegelderheberhaus Nr. 1 an der 4. Meile der Chaussee von Braunschweig nach Seesen*", schmunzelt Leuschner.

Zwei wichtige Handelsstraßen kreuzten sich seit dem Mittelalter in Beinum. Von Hildesheim nach Halberstadt führte die Mindener Heerstraße und von Frankfurt am Main nach Braunschweig die Frank-furter Heerstraße, die in etwa der heutigen B 248 entspricht. „Beinum", fährt Leuschner fort, „gehörte im Laufe der Jahrhunderte wechsel-weise zum Bistum Hildesheim, zum Fürstentum Braunschweig-Wol-fenbüttel, zum – französisch regierten – Königreich Westphalen, zum Königreich Hannover und zum preußischen Königreich und schließ-lich zur Stadt Salzgitter in Niedersachsen."

Wie wurde das Wegegeld eingenommen, wie war es festgelegt und wem kam es zugute? „Die Chaussee von Braunschweig nach Seesen wurde an der Beinumer Wegegelderhebungsstation von einem Schlag-baum mit Kette gesperrt. Das Wegegeld musste für alle Post- und Frachtwagen je nach Anzahl der Pferde des Vorspanns gezahlt werden ebenso von Reitern sowie für Schafe, Ziegen, Schweine und Kälber.

Front des ehemaligen „Chausseegelderheberhauses"
in Beinum an der B 248.

Dr. Jörg Leuschner vor dem ehemaligen „Chausseegelderheberhaus Nr.1" in Beinum.

Die Wegegeldeinnehmer handelten im Auftrag der General-Wegebau-Commission. Mit den eingenommenen Geldern wurde die Unterhaltung der Straßenabschnitte bestritten – das erinnert doch schon ein wenig an heutige Mautdiskussionen", lacht Leuschner.

Bis 1839 gehörte das Weghaus zum Kurfürstentum beziehungsweise ab 1814 zum Königreich Hannover. Danach ging es in die braunschweigische Verwaltung über. Zum Ende der Wegegelderhebung in Beinum schreibt Walter Boes in einem voluminösen Geschichtswerk über *Die Geschichte eines Dorfes in Salzgitter*: „Durch die Inbetriebnahme der Braunschweiger Südbahn von Börßum über Salzgitter(-Bad) und Ringelheim nach Kreiensen verlagerte sich der Fernverkehr immer mehr auf die Schiene. Die Wegegeldeinnahmen in Beinum halbierten sich, und zum 31. Dezember 1871 wurde die Wegegelderhebung eingestellt." Das Gebäude befindet sich seitdem in Privatbesitz.

Das Haus an der B 248 in Beinum kann vielleicht an eine Vielstaaterei mit Zollgrenzen und anderen hoheitlichen Eingriffen erinnern, die sich belastend für Handel und Wirtschaft und damit für alle Menschen ausgewirkt hat. Eigentlich sollte man denken, dass niemand so etwas – auch in größerem Rahmen – zurückhaben will.

Georg Ruppelt

So geht's zum alten Weghaus:

Aus nördlicher Richtung bis zum Ortsausgangsschild Salzgitter-Beinum fahren. Nach 70 Metern steht das Weghaus auf der linken Seite.

Petra Strobach liebt diese alte Linde – als kleines Mädchen kletterte sie oft in ihrem Stamm hinauf.

Linde

Machtvoller Baum erinnert an mächtige Familie

K önnte diese Linde reden – sie hätte viel zu erzählen! Und in ihren Erzählungen würde sicherlich der Name *von Schwicheldt* zuhauf vorkommen. Vielleicht würde sie auch von einem kleinen Mädchen berichten, das oft in ihrem aufgesprungenen Stamm emporkletterte. Möglicherweise würde sie sogar erzählen, dass das Mädchen inzwischen eine Frau ist und immer noch regelmäßig kommt, um sie zu besuchen. Die Frau ist Petra Strobach, sie hat die Linde nicht nur ins Herz geschlossen, sondern sich auch mit ihrer Geschichte befasst – die eng mit der des Gutsparks und der Familie von Schwicheldt zusammenhängt.

„Die Mitglieder der Familie haben sich sehr für ihre Heimat eingesetzt", beginnt Petra Strobach zu erzählen. „Bereits 1350 haben sie den Hof als Lehen erhalten, 1428 bekam Konrad der Jüngere von Schwicheldt nicht nur das Hofgut, sondern auch den Ort Flachstöckheim. Sowohl Hof als auch Ort entwickelten sich im Laufe der Jahrzehnte und Jahrhunderte immer weiter. „Eine wichtige Rolle bei der Gestaltung der Gutsanlage spielte später Eleonore von Schwicheldt, die die Planung 1718 übernahm", erzählt die Flachstöckheimerin. Vier Jahre später entstanden Wohnräume für Handwerker und Tagelöhner, 1730 wurde das Gut neu gebaut. „Das markante Herrenhaus im Norden ist heute noch erhalten", sagt Petra Strobach. Im Jahr 1750 ließen Charlotte Eleonores Söhne Ernst Otto, August Eberhard und August Wilhelm die Gutsanlage erweitern: Wirtschaftsgebäude, Ställe und eine weitere Scheune entstanden.

Altehrwürdig: die viele 100 Jahre alte Linde im Gutspark Flachstöckheim.

„Gegenüber vom Gut wurden Kleingärten angelegt, die die auf dem Gut beschäftigten Mitarbeiter für ihre eigenen Zwecke bewirtschaften konnten", erzählt die Hobbyhistorikerin. Auch ein Garten entstand nach genauen Vorgaben. Petra Strobach hat Pläne aus dem Jahr 1764 ausfindig gemacht, auf denen sich nachvollziehen lässt, wie akribisch die Anlage entworfen wurde. Zu sehen ist ein quadratischer Lustgarten mitsamt Kraut- und Küchengarten, die sich in die Symmetrie des Lustgartens einfügen. „Erweitert wurde dieser Garten im barocken Stil in westlicher Richtung durch einen Baumgarten. In diesem Zusammenhang", vermutet Petra Strobach, „wurde wohl auch die Linde gepflanzt."

Anfang des 19. Jahrhunderts gestaltete die Familie von Schwicheldt den Garten in einen englischen Landschaftspark um: Die strengen barocken Linien wurden aufgelöst, lockerer sollte es werden, lebendiger. Die Rasenflächen waren nun von mehreren Baumgruppen geziert. „Das Einzige, was heute noch von dieser alten Gartenanlage zeugt, ist die umrandende Mauer", sagt Petra Strobach. „Und die alte Linde, in der ich als Kind so gern geklettert bin."

Vermutlich kletterten auch schon viele Schwicheldt-Kinder in dem Baum herum – bis 1869 zumindest, dann verließ die Familie das Gut und zog auf das Schloss Söder, das sie zehn Jahre zuvor erworben hatte. „Die Gutsanlage wurde von da an verpachtet und fiel 1930 an die Reichswerke, um den Wohnungsbedarf für Arbeiter der in der Nähe gelegenen Bergwerke zu decken", erzählt Petra Strobach.

„Das Einzige, was heute noch von dieser alten Gartenanlage zeugt, ist die umrandende Mauer und die alte Linde, in der ich als Kind so gern geklettert bin."

Immer noch spielen Kinder im Park. Klettern können sie auf der Linde nicht mehr, die Aushöhlung ist mit einem Gitter versperrt. Darüber ist die Linde bestimmt froh, schließlich ist sie mittlerweile eine sehr alte Dame. Aber vielleicht kommt ja doch dann und wann ein kleines Mädchen mit blonden Zöpfen vorbei, schmiegt seine Arme um den dicken Stamm und blickt bewundernd zur Krone hinauf. So wie vor einigen Jahrzehnten die kleine Petra Strobach.

Eva-Maria Bast

....

So geht's zur Linde:

Sie steht im Gutspark Flachstöckheim an der zur Ritter-Schwicheldt-Allee gelegenen Seite.

44

Lattemannsches Haus

Tragödie zweier Aeronauten

Im Deutschen Museum in München findet man in der Ausstellungsabteilung „Luft und Raumfahrt" im Obergeschoss einen Ballon, in dessen Korb die Plastik einer jungen Frau steht – selbstbewusst und mit einem angedeuteten Lächeln blickt sie in die Ferne, die rechte Hand in die Hüfte gestemmt, die linke umspannt ein Tragseil des Korbes. Die Plastik soll Katharina (auch Käthe oder Käthchen) Paulus darstellen, die erste Frau Europas, die mit einem Fallschirm absprang – das war im Juli 1893 und die Fallhöhe betrug 1.200 Meter.

Was aber hat Käthe Paulus mit Salzgitter zu tun? Die Antwort lautet: nichts. Doch wenn man fragt, ob es eine Verbindung zwischen ihr und einem Menschen gibt, der aus dem Gebiet des heutigen Salz-gitter stammt, so lautet die Antwort: Und was für eine! Tatsächlich trägt die nur wenige Jahre andauernde Beziehung zwischen der 1868 in Zellhausen nahe Offenbach geborenen Käthe Paulus und dem aus Gebhardshagen stammenden Hermann Lattemann (geb. 1852), des-sen Haus heute noch in Gebhardshagen steht, tragödienhafte Züge und wäre eine literarische oder filmische Behandlung allemal wert.

Als Beruf von Carl Christoph Hermann Lattemann nennt das *Braunschweiger Biographische Lexikon 19. und 20. Jahrhundert* „Aero-naut". Es verwendet damit die um 1900 übliche Berufsbezeichnung für einen „Berufsluftschiffer" oder „Fallschirmspringer" – wie man heute sagen würde. Als Luftschiff galt ein Gefährt, das nach dem Prinzip der „Leichter-als-Luft-Technik" aufstieg.

Der Aeronaut Hermann Lattemann entstammte der in Gebhards-hagen ansässigen Kaufmanns- und Handwerkerfamilie Lattemann, die seit 1808 in der nach ihr benannten Lattemannsgasse im „Latte-mannschen Haus" wohnte. Das Haus wurde im Jahr 1663 gebaut und steht heute unter Denkmalschutz. Es gehört zu den eindrucksvollsten Fachwerkhäusern Salzgitters, dessen 31 Ortsteile auf eine jahrhun-dertealte Geschichte zurückblicken können, was heute oft vergessen wird. So zum Beispiel der größte Ortsteil Salzgitter-Lebenstedt, der einen historischen Ortskern besitzt: Das Dorf Livenstede wird erstmalig 1129 erwähnt.

Dr. Jörg Leuschner, Vorsitzender des Geschichtsvereins Salzgitter und ehemaliger Fachbereichsleiter Kultur, kann über den Aeronauten Hermann Lattemann Auskunft geben: „Seit seiner Kindheit träumte Lattemann davon, Ballonflieger zu werden – also hinaus aus dem beschaulichen Gebhardshagen und hinein in die große Welt. Er ließ sich zum Luftschiffer ausbilden und trat dann mit Ballons in vielen deutschen Städten auf. Ballonaufstiege waren Ende des 19. Jahrhun-derts eine Hauptattraktion zur Volksbelustigung, mit der viel Geld zu verdienen war. Lattemann erhöhte das Risiko durch spektakuläre Absprünge aus den Ballons mit den von ihm erfundenen und stetig weiter entwickelten Fallschirmen.

Bei seinem dritten Absprung mit einem ebenfalls von ihm entwi-ckelten Fallschirmballon, der unteren Hälfte eines großen Ballons, stürzte Hermann Lattemann am 17. Juni 1894 auf einer Veranstaltung in Krefeld in den Tod. In Krefeld wurde er auch begraben."

Doch Lattemann war nicht allein in dem Ballon aufgestiegen, seine Lebensgefährtin Käthe Paulus war bei ihm und sprang kurz vor seinem Absturz selbst erfolgreich ab. Die Aeronautin, die diesen Schock lange Zeit nicht überwinden konnte und monatelang das Bett hüten musste, schrieb später: „Ich hing am Schirm, ohne helfen zu können, während er in rasender Fahrt, die Hülle wie ein umgedrehter Regenschirm nachflatternd, in die Tiefe stürzte. Alles war dumpf. Als ich landete, hatten sie ihn schon tot in einer Straße von Krefeld gefunden. Es war sehr schwer."

Das Paar hatte sich fünf Jahre zuvor in Wiesbaden kennen gelernt und heiraten wollen. 1891 kam ihr Sohn Willy Hermann Paulus zur Welt; er starb 1895 an Diphtherie, ein Jahr nach dem Absturz seines Vaters – im selben Jahr, in dem seine Eltern hatten heiraten wollen. Käthe Paulus kehrte schließlich in ihren Beruf als Luftakrobatin zurück. Sie kaufte vier Ballons und trat in ganz Europa auf. Über 500 Mal stieg sie in einem Ballon auf und sprang fast 150 Mal, in fantasievolle Kostüme gekleidet, mit einem Fallschirm ab. Das Publikum verehrte die mutige Aeronautin sehr.

Schließlich nahm sie auch Flugunterricht mit Starrflüglern, also Flugzeugen. Doch ihr Fluglehrer kam bei einem Absturz ums Leben, Käthe Paulus verzichtete auf die weitere Ausbildung. Bei Ausbruch des Ersten Weltkriegs übergab sie ihre Ballone und die Ausrüstung der deutschen Heeresverwaltung. Sie beschäftigte sich aber weiterhin mit der Verbesserung von Fallschirmen und erfand den „Paketfallschirm" und die Hüllen dafür.

Im Auftrag des Kriegsministeriums stellte die gelernte Näherin Käthe Paulus diese Fallschirme mit Hilfe von Heimarbeiterinnen selbst her. Sie schreibt: „So habe ich bis Kriegsende etwa 7.000 Fallschirme geliefert. Welche Arbeit hierzu gehörte, geht daraus hervor, dass ich wöchentlich etwa 125 Fallschirme lieferte, je Woche etwa 20.000 Meter Stoff zuschneiden musste; denn diese Arbeit selbst auszuführen, ließ ich mir, angesichts ihrer Wichtigkeit, nicht nehmen." Ihre Fallschirme retteten manchem Flieger das Leben. 1917 wurde sie mit dem Verdienstkreuz für Kriegshilfe ausgezeichnet.

Nach dem Krieg lebt Käthe Paulus in bescheidenen Verhältnissen in Berlin. Ihr Vermögen hätte sie, so schreibt Klaus Gertoberens, in Kriegsanleihen investiert. Nach längerer Krankheit starb sie am 26. Juli 1935. An ihrer Beerdigung nahmen als Trauergäste auch die beiden damals sehr berühmten Fliegerinnen Elly Beinhorn und Hanna Reitsch teil. Käthe Paulus wurde auf dem Friedhof der evangelischen Gemeinde der Dankeskirche Wedding in Berlin-Reinickendorf, Blankestraße 12, in der Abt. D-2-32 beigesetzt. Auf dem Stein ihres Berliner Ehrengrabes heißt es: KÄTE PAULUS / DEUTSCHLANDS ERSTE / FALLSCHIRMSPRINGERIN / UND BALLON-FAHRERIN / 1868 - 1935.

Dr. Jörg Leuschner liest vor dem Lattemannschen Haus über den dort geborenen späteren Aeronauten Hermann Lattemann.

Doch zurück nach Salzgitter-Gebhardshagen. Am Lattemannschen Haus tritt ein Merkmal von Salzgitter zutage, das vielleicht spezifisch für diese teils junge, teils geschichtsträchtige Stadt ist: Aus der Vergangenheit Überkommenes und neue Entwicklungen des 20. Jahrhunderts treffen aufeinander und verlangen nach einer tragfähigen Gestalt. Vieles davon ist zukunftsweisend, manches stellt sich als Irrweg heraus. Das Lattemannsche Haus, dem man sein Alter unter dem neuen Dach ansieht, könnte als Symbol für dieses angeführte Merkmal gelten.

Georg Ruppelt

So geht's zum Lattemannschen Haus:

Das Haus steht in Gebhardshagen am Ende der Lattemannsgasse (Sackgasse).

Vier Eichen

Das Geschenk von Otto von Bismarck

Eichen sind majestätische Bäume. Im pittoresken Örtchen Osterlinde gibt es vier zauberhafte Ecken, in denen sich der Besucher unter das schützende Laubdach einer Eiche stellen kann. Eigentlich sollte man in Osterlinde ja eher Linden in jeder Straße vermuten, aber Otto von Bismarck (1815-1898) hat nun einmal Eichen geschickt. Bismarck? *Der* Bismarck? Oh ja!

Einst lebte in Osterlinde nämlich die Familie Schwerdtfeger, genau genommen bereits seit 1692. Schwerdtfegers waren Landwirte und besaßen einen großen Ackerhof. Am 21. Dezember 1842 wurde Albert Schwerdtfeger (1842-1922) geboren. Ab 1870 war er Abgeordneter im Landtag des Herzogtums Braunschweig. „Und er war ein großer Verehrer von Bismarck", erzählt Ortsheimatpflegerin Hanna-Lore von Barany. Tatsächlich hatte es der Reichskanzler dem Osterlinder so sehr angetan, dass Schwerdtfeger im Jahr 1875 zu Bismarcks 60. Geburtstag nach Berlin fuhr, dort dem Reichskanzler im Namen der Gemeinde gratulierte, die Hand schüttelte – und wieder nach Hause reiste. „Er wird sehr stolz gewesen sein", glaubt Hanna-Lore von Barany.

Noch stolzer dürfte Schwerdtfeger gewesen sein, als ihn kurze Zeit später eine Sendung erreichte. Darin enthalten: „(...) als Dank vom Reichskanzler fünf echte Stieleichen aus dem Sachsenwald", wie Günter Kreie in *Ortsheimatpflege der Stadt Salzgitter* schreibt.

Stieleichen vom Reichskanzler also! Die nahm sich der junge Schwerdtfeger und pflanzte sie im Dorf. „Ich denke, er hat sich seine schönsten Plätze ausgesucht", ist Hanna-Lore von Barany sicher. Et voilà: Da waren sie, die Bismarckeichen. Und sind es noch heute. Eine prächtige Eiche steht zum Beispiel auf dem Schwerdtfegerschen Hof in der Osterlinder Straße. Ein weiteres Exemplar ist die so genannte „Friedenseiche" an der Straße zum Wald Zu den Specken. Eine Eiche hat Schwerdtfeger in die Feldmark gepflanzt, beim Osterfeuerplatz. Und ein Baum wächst vor dem ehemaligen Spritzenhäuschen der

Eine prächtige Eiche. Dieser Baum wächst schon gute 150 Jahre an dieser Stelle. Wie er dort hin kam, das ist eine spannende Geschichte.

Freiwilligen Feuerwehr. „Das war ja ohnehin sein Metier", unterstreicht die Ortsheimatpflegerin die Bedeutung des Standorts. Man muss wissen: Albert Schwerdtfeger hat in Osterlinde im Jahr 1873 die erste Freiwillige Feuerwehr gegründet und bis 1899 auch selbst geleitet. Damit war die Osterlinder Feuerwehr früh dran, wie im Text von Günter Kreie nachzulesen ist: „An der Beratung über ein neues Gesetz zum Feuerwehrhilfswesen wirkte dieser Landtagsabgeordnete entscheidend mit und gründete (...) mit fortschrittlichen Männern aus Osterlinde (...) die Freiwillige Feuerwehr Osterlinde."

Hanna-Lore von Barany ist mit den Eichen aufgewachsen: Die Ortsheimatpflegerin ist in Osterlinde geboren.

Hanna-Lore von Barany kennt die Bismarck-Bäume schon seit ihrer Kindheit: Früher waren sie eingezäunt. Wahrscheinlich, damit sie in Ruhe wachsen konnten. Und das haben sie ja auch getan – die Geschenke Otto von Bismarcks. Besucher Osterlindes können die prächtigen Bäume kaum übersehen. Und was ist mit der fünften Eiche passiert? Hanna-Lore von Barany weiß auch das: „Die befand sich auf einem Privatgrundstück und wurde leider gefällt."

Valea Schweiger

So geht's zu den vier Eichen:

Eine Eiche steht auf dem Schwerdtfegerschen Hof, Osterlinder Straße 6, eine andere in der Straße Zu den Specken in Richtung Wald, eine vor dem Spritzenhäuschen, Osterlinder Str. 27B, und eine westlich des Dorfes in der Feldmark beim Osterfeuerplatz.

Dirk Schaper vor der Klostermühle, an deren Schwellenbalken des ersten Stocks sich die Inschrift sowie über den Rundbogenfenstern das Chronogramm befindet.

Chronogramm
Der Trick mit der Jahreszahl

Ringelheim, der sechstgrößte Stadtteil Salzgitters, bietet im Bereich seines ehemaligen Klosters und nachmaligen Schlosses eine Fülle von Sehenswürdigkeiten und lädt zum Spazierengehen, Verweilen und Träumen ein. Vorbildlich haben der Bürgerverein Ringelheim e. V. und Ortsheimatpfleger Dirk Schaper die Geschichte der Gebäude und des Parks beschrieben. Es ist eine spannende, sehr wechselvolle Geschichte mit manchen Höhe- und Tiefpunkten. Im Gegensatz zum Zustand des Schlosses und des Parks präsentiert sich die Klostermühle dem Auge höchst ansehnlich. Selbstredend verfügt sie über mehrere Geheimnisse, die mit einer Inschrift, Buchstaben und Zahlen zu tun haben.

Dirk Schaper kennt sie natürlich alle, denn er ist nicht nur seit 1987 Heimatpfleger des Ortes, sondern wurde auch in Ringelheim geboren, wo sein Großvater Daniel Weber von 1918 bis 1933 Ortsvorsteher war. Die Geschichte der Mühle, so Schaper, beginnt im 15. Jahrhundert, als die benachbarten Herren von Wallmoden einen Mühlengraben parallel zur Innerste ausheben ließen. Dieser sorgte für eine gleichmäßige Wasserführung zu einigen daran liegenden Mühlen, unter anderen zur Sägemühle in Ringelheim. Die erste Wassermühle wurde aber rund 100 Jahre später durch einen Brand vernichtet.

„Erst unter einem baufreudigen Abt und nach dem Ende des Dreißigjährigen Krieges konnte man sich, wiederum 100 Jahre später, an die Errichtung einer neuen Klostermühle machen", erklärt Dirk Schaper. „Sie wurde großzügig in Fachwerkbauweise errichtet, wobei man die einzelnen Gefache kunstvoll in Ziegelmauerwerk ausführte." Die Mühle trug mit ihren Mahlaufträgen aus der ganzen Gegend wesentlich zum Wohlstand des Klosters bei. Sie tat während der nächsten 200 Jahre ihren Dienst und wurde auch von den weltlichen Besitzern nach 1803 weiterbetrieben, bis Graf Georg von der Decken 1886 das Mühlrad durch einen Gleichstromgenerator ersetzen ließ.

Das geheimnisvolle Chronogramm: Sprachkunstwerk und Jahreszahl zugleich.

Ende des 19. Jahrhunderts wurde der Mühle von einem Braunschweiger Ingenieur ein Elektrizitätswerk implantiert. „So ging die Elektrifizierung der gesamten Gegend von dieser Mühle aus!", hebt Schaper hervor. Anfang des 20. Jahrhunderts übernahm die Überlandzentrale Helmstedt das Elektrizitätswerk, stellte aber nach fünf Jahren die Stromerzeugung ein, denn ihr Interesse galt vor allem den Leitungen. Schaper erklärt: „Das Unternehmen baute die Mühle in ein Wohnhaus für seine Angestellten um, renovierte es sehr aufwändig und stilgerecht. Außerdem sorgt es dafür, dass es in seinem beispielgebenden Zustand erhalten blieb und bleibt."

Eine lateinische Inschrift am Schwellenbalken des ersten Stocks nennt den Erbauer der Mühle und das Jahr ihrer Errichtung, in der

Übersetzung lautet sie: *Diese Mühle ließ der hochehrwürdige und erlauchte geweihte Herr Abdon Könich Abt von Ringelheim im Jahre des Herrn 1699 dem siebenten Jahre seiner Regierung errichten.*

Über einer zu Fenstern umgestalteten Tür an derselben Hausfront findet man vier geheimnisvolle Buchstabenzeilen, die ebenfalls auf die Errichtung des Hauses hinweisen, ohne allerdings vordergründig eine Ziffer zu nennen. Es ist ein Chronogramm, das heißt, dass in diesem Fall alle Buchstaben, die gleichzeitig römische Zahlensymbole darstellen, auch als solche zu lesen sind: I/1, V/5, X/10, L/50, C/100, D/500, M/1000. Zählt man diese zusammen, ergibt sich als Summe ein Zahlenwert von 1699 – das Errichtungsjahr der Mühle, das als Zahl in der Inschrift genannt wird:

„Erst unter einem baufreudigen Abt und nach dem Ende des Dreißigjährigen Krieges konnte man sich, wiederum 100 Jahre später, an die Errichtung einer neuen Klostermühle machen."

Q*Vae* *liber* er*C*t*Is* pro*C*V*L*
*H*Is s*Int* no*XI*ate*Ct*Is
pest*Is* *VVLCanVs*
pern*ICI*osa *ManVs*

Was übersetzt in etwa heißt: *Von dem hier Errichteten möge fern sein aller Schaden Pest Feuer und jede verderbliche Hand.*

Möge dieser Wunsch auch weiterhin Bestand haben – für dieses historische Gebäude wie für alle friedlichen Einrichtungen in dieser zunehmend unfriedlicher werdenden Welt!

Georg Ruppelt

So geht's zum Chronogramm:

Am Marktplatz in die Johannesstraße einbiegen. Geradeaus auf den Torbogen des Gutshofes zufahren. Nach der Durchfahrt liegt das Mühlenhaus mit dem Chronogramm und der Inschrift direkt hinter der Parkmöglichkeit.

Ortsheimatpfleger Hartmut Alder am Schlachtfeld.

47

Acker

Wo Tausende Menschen starben

Heute ist hier nur ein Acker, der einen ziemlich weiten Blick über die Landschaft gewährt. Nichts deutet mehr darauf hin, was an dieser Stelle vor etwa 370 Jahren im Dreißigjährigen Krieg (1618-1648) passierte. „In dieser Ebene fand einst eine große Schlacht statt während der Belagerung von Wolfenbüttel", erzählt Hartmut Alder, Ortsheimatpfleger von Thiede.

Es war der 29. Juni 1641, als es hier ein blutiges Gemetzel gab. Für Wolfenbüttel war es nach 1627 das zweite Mal, dass es von den protestantischen Schweden belagert wurde. Schon damals hatten die Schweden einen Damm gebaut, um die Oker aufzustauen und dadurch die Stadt einnehmen zu können. Während der Belagerung von 1641 starteten sie einen erneuten Versuch, doch der Kommandant der Festung Wolfenbüttel, Johann von Reuschenberg (1603-1660), ließ sich nicht entmutigen, da Hilfe durch den kaiserlichen General Octavio Piccolomini (1599-1665) nahte. Piccolomini vereinigte seine Truppen am 24.

Juni mit denen des Erzherzogs Leopold Wilhelm von Österreich (1614-1662) bei Germersleben und marschierte auf Wolfenbüttel zu. „Um dieses Vorhaben zu vereiteln und das Belagerungscorps zu verstärken, rückte General Carl Gustav Wrangel mit der schwedischen Armee aus seinem Lager von Halberstadt gegen Wolfenbüttel vor", ist weiteren Quellen zu entnehmen. Die Stadt wurde von einer bayerischen Besatzung gehalten und war belagert von den Alliierten der Schweden: französischen, hessischen und lüneburger Truppen unter dem Befehl des Grafen Jean Baptiste Budes de Guébriant (1602-1643). Die Belagerer und die schwedische Armee unter General Wrangel (1613-1696) vereinigten sich am 27. Juni. Die Unterstützung für Wolfenbüttel unter Piccolomini und Leopold Wilhelm traf etwa gleichzeitig ein. Doch zunächst ließ Wrangel am 28. Juni „zur Sicherung seiner Stellung in einer schrägen Linie von dem Dorfe Fimmelsen bis zur Oker Verschanzungen aufwerfen". Diese mussten aufgegeben werden, da die Kaiserlichen unter Piccolomini ihre Stellungen verlegten.

Schließlich kam der 29. Juni, an dem die Kämpfe entbrannten. „Der linke Flügel aus den weimarschen, französischen und lüneburgischen Brigaden gebildet, und vom Marschall Guébriant befehligt, stand vor dem Limberge", beschreibt Ernest Oswald Schmidt in seinem Buch *Deutschlands Schlachtfelder* die Aufstellung. Der erwähnte Limberg ist der Lindenberg. Die Schweden stellten sich vor dem Stift Steterburg auf, mit dem linken Flügel an das Dorf Thiede, mit dem rechten an einen „Busch" angelehnt. Piccolomini wollte ihren rechten Flügel umgehen und ihnen in die Flanke fallen.

So begannen die Kampfhandlungen: „Gegen Mittag rückte die ganze kaiserliche und baiersche Infanterie des linken Flügels, von Mercy geführt, gegen den Busch an, um den herum aus Mangel an Zeit, von den Schweden keine Verschanzungen aufgeworfen waren; ihre Reiterei zog sich links am Busche vorbei, um von der Ebene aus in das schwedische Lager zu dringen." Der Busch, von dem die Rede ist, ist das Beddinger Holz, ein Wald bei Thiede, in dem die so genannten Schwedengräber liegen, die heute noch an die Schlacht erinnern. „In diesem Wald muss es sehr schlimm zugegangen sein", sagt Alder und deutet in die entsprechende Richtung. So drückt sich auch Autor Ernest Oswald Schmidt aus: „Um den Besitz des Busches wurde lebhaft von beiden Seiten gestritten, und die Krieger entfalteten in diesem Gefechte einen bewundernswerthen Muth. (...) Aufs Neue stritt man sich hartnäckig um den Besitz des Busches und der Kampf wurde hier 3 Stunden lang mit einer solchen Erbitterung fortgesetzt, daß die Truppen von beiden Theilen meistentheils mit blanker Waffe fochten." Die Truppen unter Piccolomini wollten diesen Wald wegen seiner strategischen Wichtigkeit aber unbedingt einnehmen und „so sandten sie beständig neue Truppen dahin ab, die ihre vom Kampf ermüdeten Cameraden ablösen mußten".

Es gelang den Schweden, den „Busch" zu halten. „Endlich ließ Wrangel gegen diesen Punkt eine bedeutende Brigade Infanterie und mehrere Escadrons Reiterei vorrücken, die mit fliegenden Fahnen dem Feinde entgegen gingen, und denselben so herzhaft angriffen, daß die Kaiserlichen und Baiern auf dieser Stelle das Schlachtfeld räumten, und sich nach Wolfenbüttel zurückzogen", schreibt Schmidt. An anderer Stelle waren die Schweden so gut verschanzt, dass die Kaiserlichen „mit einem so lebhaften und gut gerichteten Kanonenfeuer empfangen" wurden, dass sie ebenfalls nach Wolfenbüttel abschwenkten und sich dort sammelten. Die Schweden trugen den Sieg davon.

„Die Verluste waren enorm, 2.000 Tote und 1.500 Verwundete auf Seiten der Kaiserlichen, 4.600 Tote und 500 Verwundete bei den Schweden", zählt Alder auf. „Genutzt hat den Schweden der Sieg allerdings nichts. Wolfenbüttel konnten sie nicht einnehmen. Das Schlachtfeld hat keiner der beiden Parteien den gewünschten Erfolg gebracht", sagt der Ortsheimatpfleger und lässt den Blick über den heutigen Acker schweifen. Der Dreißigjährige Krieg sollte noch weitere sieben Jahre andauern und bis dahin noch Abertausende von Opfern fordern, bevor der Westfälische Friede von 1648 dem Grauen ein Ende setzte. Wer um die Geschichte dieses Ortes weiß, für den wirkt der Acker bedrückend.

Mike Durlacher

....

So geht's zum Acker:

Das einstige Schlachtfeld spannt sich bei Thiede vom Beddinger Holz, das bei der Straße Pappeldamm beginnt, bis zum Lindenberg an der Frankfurter Straße. Die Schwedengräber befinden sich im Beddinger Holz.

Für Klaus Gossow ist der Gaußstein ein ganz wichtiger Punkt in Salzgitter.

48

Gaußstein

Princeps Mathematicorum

„Der Gaußstein ist kein Stein, auf dem steht, was für ein toller Kerl der Geodät Carl Friedrich Gauß gewesen ist", stellt Klaus Gossow richtig. „Es ist ein Stein, den Gauß um 1820 errichten ließ und von dem aus er seine Messungen unter Einbeziehung des Brockens durchgeführt hat." Genauer gesagt, markiert der Stein die Station Lichtenberg, die Teil der Gauß'schen Landesaufnahme war. Gauß hat im Auftrag König Georgs IV. (1762-1830) das Königreich Hannover vermessen. „Er hat mehrere Landvermessungen gemacht, indem er das Sonnenlicht in einem von ihm konstruierten Gerät namens Heliotrop einfing, bündelte und von hier aus auf das nächste Ziel projizierte", erklärt der einstige Leiter des Tiefbauamtes. Mittels des Heliotrops wurden die Winkel zwischen

Von hier aus startete der Geodät C. F. Gauß seine Messungen.

drei Punkten ermittelt und über mathematische Formeln die Abstände zwischen den Punkten ermittelt. „Dadurch entstehen große Dreiecke. Und an diesem historischen Stein befand sich einer der Eckpunkte des Dreiecks, der Eckpunkt Lichtenberg." Punkte, die von hier angepeilt wurden, waren unter anderem der „Brocken" im Harz und der „Woldenberg". *Princeps Mathematicorum* („Fürst der Mathematiker") Johann Carl Friedrich Gauß erblickt 1777 das Licht der Welt. Nicht in Salzgitter, sondern im nahegelegenen Braunschweig. Er gilt schon früh als Genie; bekannt und gern erzählt ist die Geschichte, dass er, als sein Volksschullehrer die Klasse Zahlen von 1 bis 100 addieren lässt, schneller fertig ist, als der Lehrer blinzeln kann: Er bildet einfach 50 Paare mit der Summe 101, also 1 + 100, 2 + 99, …, 50 + 51 und bekommt 5050 als Ergebnis heraus. Seinem verblüfften Lehrer serviert er die Lösung in schönstem Braunschweiger Platt mit den Worten „Ligget se" (Hier liegt sie) auf den Tisch. Der begeisterte Lehrer unterstützt seinen Schützling und fördert ihn, und er ist nicht der Einzige: Als der Junge 14 Jahre alt ist, wird er Herzog Karl Wilhelm Ferdinand von Braunschweig (1735-1806) vorgestellt, der ihm finanziell unter die Arme greift, sodass Gauß am Collegium Carolinum, dem Vorgänger der Technischen Universität in Braunschweig, studieren kann. Gauß enttäuscht seine Förderer nicht: Er ist 18, als er die „Methode der kleinsten Quadrate" entwickelt, und 19, als er die Konstruierbarkeit des regelmäßigen Siebzehnecks beweist.

Bevor er die Landvermessung des Königreichs Hannover übernimmt, wird der „Fürst der Mathematiker" im Jahr 1807 Universitätsprofessor und Sternwartendirektor in Göttingen. Genau wie sein Vorfahre ist auch König Georg V. von Hannover (1819-1878) ganz und gar entzückt von den Fähigkeiten des Carl Friedrich Gauß: 1856, nur ein Jahr nach dessen Tod am 23. Februar 1855, lässt er Gedenkmedaillen prägen, die das Bild von Gauß zeigen und die Inschrift *Mathematicorum Principi* – dem Fürsten der Mathematik – tragen. „Gauß war schon ein ganz Großer", sagt Klaus Gossow nachdenklich. So fasziniert ist er vom Wirken des Geodäten, dass er mit seiner Frau und einem Gauß-Fan aus Schierke die Gauß'schen Versuche nachstellte. Der Freund stieg auf den Brocken, Gossow und seine Frau holten den großen Spiegel aus dem Schlafzimmer und fuhren auf den Lichtenberg. „An der ursprünglichen Stelle waren die Bäume damals zu hoch, also sind wir etwas versetzt auf den Turm der Burg gegangen und haben bei herrlichem Wetter versucht, über den Spiegel den Brocken anzumorsen. Aber es hat nicht geklappt." Eigentlich kein Wunder, meint der ehemalige Leiter des Tiefbauamts: „Wenn man es hätte richtig machen wollen, hätte man eine Traverse bauen und auf dieser entlangfahren und ständig den Winkel ändern müssen. Das Signal ist bestimmt irgendwo im Bereich des Brockens angekommen", ist er sich sicher. „Aber eben nicht genau."

Klaus Gossow fühlt sich dem Stein auch deshalb so verbunden, weil dieser, als Gossow 1977 nach Lichtenberg kam, in schlechtem Zustand auf dem Waldboden lag. „Kaum hatten wir ihn wieder aufgebaut, war der Stein verschwunden. Irgendjemand hatte Schindluder damit getrieben. Und dann sind wir hier durch den Wald gepirscht und haben versucht irgendwelche Spuren zu finden. Und plötzlich tritt einer drauf." Gossow ließ den Stein zum zweiten Mal wiederaufbauen; seither hat er seinen Platz nicht mehr verlassen.

„Hier hat Gauß wirklich gestanden und auf gutes Wetter gewartet. Das müssen Sie sich mal vorstellen!", sagt Gossow fasziniert. „Sie müssen ja auch bedenken, dass der Heliotrop nur funktionierte, wenn die Sonne schien."

Eva-Maria Bast

So geht's zum Gaußstein:

Er steht oberhalb der Burgruine im Wald auf der Bergspitze. Die Adresse der Burgruine ist: Burgbergstraße 147, Salzgitter-Lichtenberg.

49

Taubenturm

Tiere zur Verpflegung der Kranken

Wer aus Salzgitter-Bad kommend in Ringelheim von der nur mit begrenztem Charme ausgestatteten Goslarschen Straße nach links in die Straße Gutshof einbiegt und im öffentlich zugänglichen Gutshof aus- oder absteigt, der betritt eine Welt, die aus unserer Zeit gefallen zu sein scheint – eine Welt voller Geheimnisse und Schönheit. Einer, der diese Welt nicht nur seit Jahrzehnten erkundet und beschreibt, sondern durch die Gründung des beim Denkmalschutz sowie der Förderung von Kunst und Kultur recht erfolgreichen Bürgervereins Ringelheim auch ihre Zukunftsfähigkeit zu erhalten trachtet, ist der Ortsheimatpfleger Dirk Schaper. Er kennt die Geschichte dieser Anlage, deren Ursprünge im 10. Jahrhundert liegen. Es ist eine äußerst wechselvolle Geschichte – als Kloster oder als Schloss, in katholischem oder evangelischem Besitz, als Verwaltungsgebäude der Reichswerke oder als Heilstätte für Lungenkranke und seelische Erkrankungen, mit Parkanlage und landwirtschaftlichem Großbetrieb.

Auf dem Gutshof weist Dirk Schaper nicht ohne einen gewissen Stolz auf den Taubenturm hin, eine Anlage, die man als Taubenhaus auch von anderen Gutshöfen kennt. Sie dienten den Gutsherren, in diesem Fall also dem Kloster, der Taubenzucht und damit der Versorgung bei Tisch, insbesondere für die Kranken.

Der für das Kloster bedeutsame Abt Franz Schlichting, erzählt Schaper, ließ das Konventsgebäude des Klosters zu Beginn des 18. Jahrhunderts erweitern. Zudem wurde als Mittelpunkt des Wirtschaftshofs eben jener achteckige Taubenturm errichtet. Und der sollte, so der Ortsheimatpfleger, auch schön sein: „Entsprechend dem Schmuckbedürfnis des Barock wurde der Taubenturm nicht schlicht gehalten, sondern so wie die Dachreiter der Klosterkirche auch mit einer achteckigen Barockhaube versehen. Innen brachte man über die gesamte Mauerhöhe Nistnischen für die Tauben an."

Ortsheimatpfleger Dirk Schaper weist auf den Taubenturm.

Und dann kommt er auf eine Besonderheit dieses Taubenturmes zu sprechen. Denn der erhielt, nachdem Preußen 1717 die allgemeine Schulpflicht eingeführt hatte, Mitte des 18. Jahrhunderts einen Anbau, in dem bis 1803 zwei Schulklassen unterrichtet wurden – daher auch die zwei Türen. Doch auch die Nutzung des Taubenturms änderte sich.

Der Bürgerverein Ringelheim erklärt auf seiner Homepage: „In den Turm wurde später eine Decke eingezogen und der so entstandene Raum diente als Kurzzeitgefängnis für festgenommene Gesetzesbrecher bis zur Überstellung an das Amt Liebenburg. Während der Nazi-Zeit traf sich im Anbau die Hitler-Jugend."

„Seit 2013 ist im Anbau das Trauzimmer des Standesamtes der Stadt Salzgitter untergebracht. Es ist das zweitbeliebteste Trauzimmer in Salzgitter, nach Schloss Salder."

Dieser wenig rühmlichen Nutzung und manch anderer folgte in unserer Zeit eine besonders sympathische. Dem Freundeskreis AG Taubenturm gelang es, den Turm einschließlich des Anbaus zu restaurieren und das Gebäude als Ganzes zu nutzen. „Seit 2013 ist im Anbau das Trauzimmer des Standesamtes der Stadt Salzgitter untergebracht. Es ist das zweitbeliebteste Trauzimmer in Salzgitter, nach Schloss Salder. 2016 gaben sich hier fast 50 Paare das Ja-Wort", erklärt Schaper.

Die Taube gilt als Symbol für den Frieden. Hochzeit im Taubenturm: Welch ein wunderbares Versprechen zum Beginn einer großen Verpflichtung!

Georg Ruppelt

....

So geht's zum Taubenturm:

Am Marktplatz in die Johannesstraße einbiegen. Geradeaus auf den Torbogen des Gutshofes zufahren. Nach der Durchfahrt liegt der Taubenturm rechter Hand auf dem Gutshof.

Besonders in der warmen Jahreszeit ist der Zaunpfahl nicht gleich zu sehen – er wird mittlerweile von Ästen umgeben. Elke Zacharias hat ihn trotzdem entdeckt.

Zaunpfahl
Stadtgeschichte im Blätterwerk

Das Relikt muss man sich ein bisschen erarbeiten. Es ist kein Ort, an dem der Mensch zur Entspannung spazieren geht. Vielmehr ist die Landstraße L 636 zwischen Heerte und Barum eine viel befahrene Strecke, und dort, wo der Zaunpfahl auch heute nach all den Jahren noch steht, geben die meisten Autos schon Gas. Dass hinter den Bäumen einst Baracken standen, in denen Zwangsarbeiter lebten, weiß heutzutage kaum noch jemand. Übrig geblieben ist nur ein Zaunpfahl. Den Rest hat die Zeit verschluckt.

Wer also das Auto anhält, aussteigt und auf die Suche geht, der blickt auf ein kleines Waldstück. Was man wohl dort im Boden finden könnte? „Man würde mit Sicherheit auf Fundamentreste stoßen", ist sich Elke Zacharias, Historikerin beim Arbeitskreis Stadtgeschichte, sicher. Der Pfahl ist übrig geblieben von dem Zaun, der die Lager E, F und G umgab. Er steht seit 1941 an der Straße, denn in diesem Jahr wurden die Baracken hierfür eingerichtet.

Zeitweise lebten bis zu 2.000 Menschen – Zwangsarbeiter und Kriegsgefangene – am Dorfrand von Heerte. Die Menschen schufteten damals in der Stahlwerke Braunschweig GmbH, einer Tochter-Firma der Reichswerke Hermann Göring. „Die Werksanlagen wurden südwestlich der Hütte zwischen den Dörfern Immendorf, Barum, Heerte und Watenstedt errichtet", heißt es in der Publikation *Eine Geschichtslandkarte für Salzgitter* vom Arbeitskreis Stadtgeschichte. Durch die Nähe zu den Stahlwerken erreichten die Arbeiter ihre Arbeitsplätze schnell und vor allem zu Fuß. Das Leben im Lager, es wird ein hartes gewesen sein. So war die Versorgung mit Essen im allgemeinen schlecht, „im Lager F/Heerte (...) ebenfalls unzureichend", wie es Gudrun Pischke in ihrem Buch *Europa arbeitet bei den Reichswerken* beschreibt: So mussten westliche Kriegsgefangene im Jahr 1942 mit 300 Gramm Fleisch und 2.000 Gramm Brot auskommen – pro Woche! Das Lager zu verlassen, war verboten, nur wer gut gearbeitet hatte, wurde eventuell mit Ausgang belohnt. Kontakt zu Deutschen war aber streng untersagt.

Zeitweise lebten rund 2.000 Menschen in den Lagern E, F und G, die der Zaun umgab, von dem nur noch ein Pfahl geblieben ist.

Bis Anfang des Jahres 1943 mussten die Zwangsarbeiter die Werkshallen der Stahlwerke errichten. Die Arbeitszeit betrug schnell 60 Stunden in der Woche, einen freien Tag gab es erst, nachdem drei Wochen durchgearbeitet wurde, wie dem Buch *Europa arbeitet bei den Reichswerken* zu entnehmen ist. Die Produktion von Bomben und Kriegsmunition ging aber schon früher los. Panzerketten, Torpedos sowie Granaten wurden damals hergestellt. Der Großteil der Männer

178

und Frauen in den Lagern E, F und G kam aus Frankreich und Belgien. „Aber es waren eigentlich alle Nationalitäten vertreten", sagt Elke Zacharias. Insgesamt habe es in Salzgitter während des Zweiten Weltkriegs zwischen 70 und 90 Arbeitslager gegeben – allerdings nicht parallel. Errichtet wurden sie ab 1937 bis ins Jahr 1944 hinein, berichtet Gudrun Pischke.

Nach dem Zweiten Weltkrieg wurde aus den drei Arbeitslagern ein so genanntes DP-Camp, ein Displaced-Persons-Camp. „Dort waren heimatlose Ausländer untergebracht",

„Aber es waren eigentlich alle Nationalitäten vertreten."

erklärt die Historikerin. Diejenigen, die nicht in Deutschland bleiben, aber auch nicht in ihre Heimat zurückkehren wollten, warteten in Heerte auf ihre Ausreiseunterlagen. In dieser Zeit seien natürlich auch DP-Kinder geboren worden, erzählt Zacharias, die auch heute noch oftmals nach Salzgitter zurückkommen, um ihre Wurzeln zu suchen. 1947 wurde das Lager an der Landstraße saniert und zu Wohnraum umgestaltet. Und die Anlage erhielt den schmucken Namen Musekamp! „Mit der Umbenennung hat man den Menschen das Lager-Image genommen. Es war zwar nichts anderes als vorher, aber der Name war eben neu", erklärt Elke Zacharias. 1950 lebten 150 Familien im Musekamp, erst Anfang der 1960er-Jahre wurde der Komplex abgerissen – bis auf den einen Zaunpfahl, der noch immer steht.

Heute wirkt das kleine Waldstück geradezu idyllisch: Die Bäume sind dicht und hoch gewachsen, auf dem Feld nebenan wächst die Zuckerrübe. Vom Leid der Vergangenheit ist nichts zu ahnen.

Valea Schweiger

So geht's zum Zaunpfahl:

Das ehemalige Lager befand sich an der L 636, aus Richtung Heerte kommend auf der linken Seite. An der Ecke, wo die ersten Bäume wachsen, steht der Zaunpfahl.

Quellen, Literatur, Bildnachweis

Alder, Hartmut: Chronik von Thiede. Archiv der Stadt Salzgitter. Salzgitter 1991.

Archiv der Stadt Salzgitter (Hrsg.): Die Demontage der Reichswerke (1945-1951). Beiträge zur Stadtgeschichte, Bd. 3. Salzgitter 1990.

Archiv der Stadt Salzgitter (Hrsg.): Lichtenberg. Die Geschichte eines braunschweigischen Dorfes von seinen Anfängen bis heute. Beiträge zur Stadtgeschichte, Bd. 5. Salzgitter 1989.

Archiv der Stadt Salzgitter (Hrsg.): Bergbau in Salzgitter. Die Geschichte des Bergbaus und das Leben der Bergleute von den Anfängen bis zur Gegenwart. Beiträge zur Stadtgeschichte, Bd. 13. Salzgitter 1997.

Baird, Jay W.: To Die for Germany: Heroes in the Nazi Pantheon. Bloomington 1990, S. 13-40.

Bege, Carl: Geschichten einiger der berühmtesten Burgen und Familien des Herzogthums Braunschweig. Wolfenbüttel 1844.

Beister, Robert: Calbecht. Die Geschichte eines Dorfes in Salzgitter. Salzgitter 2002, S. 349-351.

Benz, Wolfgang (Hrsg.): Salzgitter. Geschichte und Gegenwart einer deutschen Stadt. 1942-1992. München 1992.

Boes, Walter und Stephanie Beuster, Reinhard Försterling, Jörg Leuschner, Ursula Wolff: Beinum. Die Geschichte eines Dorfes in Salzgitter. Archiv der Stadt Salzgitter (Hrsg.). Salzgitter 1999, S. 254.

Braunschweigische Landschaft: „Schlosspark Ringelheim". URL: http://www.gaerten-parks.de/gaerten-und-parks/salzgitter/schlosspark-ringelheim.html. Abgerufen am 05.08.2017.

Braunschweiger Tageszeitung vom 15.08.1933: Das Schlageterkreuz wird eingeweiht. Der Feldgottesdienst.

Bürgerverein Bad Salzgitter e.V.: „Rechnung der mechanischen Leinenweberei". URL: http://buergerverein-badsalzgitter.de/home/virtuellesmuseum/dokumente/rechnunglw/index.html. Abgerufen am 01.07.2017.

Bürgerverein Ringelheim: „Klostermühle". URL: https://www.bürgerverein-ringelheim.de/ringelheim-chronik/klosterm%C3%BChle/. Abgerufen am 06.06.2017.

Bürgerverein Ringelheim: „Taubenturm". URL: https://www.bürgerverein-ringelheim.de/ringelheim-chronik/taubenturm/. Abgerufen am 18.06.2017.

Cantor, Moritz: „Gauß, Karl Friedrich". In: Allgemeine Deutsche Biographie (ADB). Band 8, Leipzig 1878, S. 430-445.

Christiansen, Broder-Heinrich: „Schloss Salder – Von der Sommerresidenz bis zum Museum". In: Salder – Die Geschichte eines Dorfes. Beiträge zur Stadtgeschichte. Braunschweig 2011, S. 463-476.

Czauderna, Rolf: Salzgitter-Bad … gestern. Private Ansichten. Der Ratskeller. Salzgitter 2016.

Dahms, Thomas und Wimmer, Jennifer: Rund um dem Salzgitter-Höhenzug. Kulturlandschaft & Natur erleben. Osterwieck 2013.

Der Spiegel: „Für einen Katastrophenfall. Vom 25.08.1949". URL: http://www.spiegel.de/spiegel/print/d-44438228.html. Abgerufen am 31.08.2017.

Dreyer, Jörg; Zacharias, Elke: „Info-Punkt: Stahlwerke Braunschweig". In: Eine Geschichtslandkarte für Salzgitter. Salzgitter 2017, o. A.

Dünnhaupt, Johann Christian: Nachricht von einigen Alterthümern in der Gegend von Lelm und Langeleben, im Braunschweigischen. Helmstädt 1768. URL: http://diglib.hab.de/drucke/gn-2596/start.htm. Abgerufen am 11.09.2017.

Ellwardt, Kathrin: Die ev.-luth. Schlosskirche St. Maria Magdalena in Salzgitter-Salder. Ergebnisse einer kunsthistorischen Forschung. Hrsg.: Evang.-luth. Kirchengemeinde Salder. Salzgitter 2001, S. 39.

Fachdienst Kultur: Beiträge zur Stadtgeschichte, Salzgitter, 1992, S. 108-121.

Feldmann, Heinz: Reppner. Die Geschichte eines Dorfes in Salzgitter. Hrsg.: Archiv der Stadt Salzgitter. Salzgitter 1990.

Förderverein Burg Lichtenburg: Geschichte. URL: http://www.fv-burg-lichtenberg.de. Abgerufen am 18.03.2017.

Förderverein Burg Lichtenberg: „Die Geschichte einer Burg in Norddeutschland". URL: http://www.fv-burg-lichtenberg.de. Abgerufen am 09.08.2017.

Försterling, Reinhold; Lux, Sigrid unter Mitarbeit von Günter Freutel: „Bruchmachtersen, Engelnstedt, Salder, Lebenstedt ‚Ortschaft Nord' in alten Ansichten". In: Archiv der Stadt Salzgitter (Hrsg.): Beiträge zur Stadtgeschichte. Band 11. Salzgitter 1994.

Försterling, Reinhard; Sigrid Lux und Gudrun Pischke: Calbecht, Engerode, Gebhardshagen, Heerte. „Ortschaft West" in alten Ansichten. Archiv der Stadt Salzgitter (Hrsg.). Salzgitter 2003.

Försterling, Reinhard: „Salder im nationalsozialistischen Deutschland (1933-1945)". In: Archiv der Stadt Salzgitter (Hrsg.): Beiträge zur Stadtgeschichte. Band 25. Salder – Die Geschichte eines Dorfes in Salzgitter. Salzgitter 2011.

Franci, Jacobi: Relationis Historicae Semestralis Continuatio. Beschreibung aller denckwuerdigen Geschichten/so sich von nechstverschichener Franckfurter Ostermeß 1641 biß auff Herbstmeß desselben Jahrs hin und wider zugetragen. Frankfurt am Main 1641.

Freutel, Günter (Ortsheimatpfleger von Bruchmachtersen): Aufzeichnungen.

Fricke, Adolf: Die das Volksschulwesen des Herzogtums Braunschweig betreffenden Gesetze und Verordnungen nebst den wichtigsten Verfügungen, Reskripten, Bekanntmachungen usw. Braunschweig 1911.

Friedrich, C.: Das Weltall. Ein geographisch-statistisch-naturhistorisches Handwoerterbuch mit Berücksichtigung des Wissenswuerdigen aus der Weltgeschichte. B bis Bam. Frankfurt am Main 1829.

Fröhlich, Karen und Mohamed Jaber: „Großer Ansturm auf den Bunker. In Heerte kommen schon zur ersten Führung 140 Neugierige – Auch St. Nicolai-Kirche gut besucht". In: Salzgitter Zeitung vom 12.09.2005.

Gelehrte Beytraege zu den Braunschweigischen Anzeigen: Spuren des alten Goetzendienstes, besonders in der Naehe von Wolfenbuettel. 68stes Stueck. Mittewochs, den 1. September, 1784.

Gertoberens, Klaus: „Auf Schatzsuche im Deutschen Museum. Käthe Paulus und der freie Fall". In: Kultur & Technik. Das Magazin des Deutschen Museums. H. 1. 2013, S. 42-45.

Görges, Wilhelm: Vaterländische Geschichten und Denkwürdigkeiten der

Vorzeit, mit vielen Abbildungen von staedten, Flecken, Doerfern, Burgen, Schloessern, Kloestern, Kirchen, Alterthuemern u. der Lande Braunschweig und Hannover. Braunschweig 1845.

Grimm, Jacob; Grimm, W.: Deutsches Wörterbuch. Band 23. Leipzig 1854-1961, Spalte 4f.

Gröttrup, Hendrik: Wilhelm Wassmuss. Der deutsche Lawrence. Berlin 2013.

Hafemann, Hela: Sankt Marien zu Engerode. Salzgitter-Engerode 2014, S. 1-16.

Hessel, Peter: Hitlers Junge. Erinnerung an eine unheilvolle Erziehung. E-Book.

Hirsch, Eike Christian: Der berühmte Herr Leibniz. Eine Biographie. Überarbeitete Neuauflage. München 2016, S. 274.

Hohenrode, Kirchenvorstand der Christuskirchengemeinde Gitter und Hohenrode, Freiwillige Feuerwehr Hohenrode (Hrsg.): Hohenrode – Acht Jahrhunderte. Chronik. Salzgitter-Hohenrode 2001, S. 77-86.

Jarck, Horst-Rüdiger; Günter Scheel (Hrsg.): Braunschweigisches Biographisches Lexikon. 19. und 20. Jahrhundert. Hannover 1996, S. 370 f.

Kaminsky, Anna (Hrsg.): Orte des Erinnerns: Gedenkzeichen, Gedenkstätten und Museen zur Diktatur in SBZ und DDR. Berlin 2016, S. 359-361.

Keese, Elke; Stübig, P.: 80 Jahre Wasserturm Lobmachtersen. Die Ortsheimatpflege Nr. 3. Salzgitter 2008, S. 5-19.

Kellner-Depner, Christine: „Die Freilandstation von Salzgitter-Lebenstedt. Ein Fundplatz in mehreren Museen". In: Archäologie in Niedersachsen. 15, 2012. S. 42-45.

Kirkness, Alan; Kühn, P.; Wiegand, H. E. (Hrsg.): Studien zum Deutschen Wörterbuch von Jacob Grimm und Wilhelm Grimm. Band 1. Tübingen 1991, S. 122.

Knöß, Hans-Georg (Privatarchiv) : Brief von Christian Theodor Möker, datiert vom 26. Juni 1879, das Original liegt im Turmknopf der St.-Mariae-Jakobi-Kirche.

Knöß, Hans-Georg (Privatarchiv): Fundstellen aus dem Stadtarchiv Salzgitter (22.08.2014). K 1854 - Lageplan der Ernst-Herrmann-Konservenfabrik.

NK 1:74 - Erweiterungsbau für Ernst Herrmann, Konservenfabrik, Bohlweg 9. ZGS 1111 Konservenfabrik Ernst Herrmann.

Körner, Horst: „„Kaufmann in der Innerste versoffen'. Hohenrode feiert 800 Jahre Ersterwähnung". In: Salzgitter Zeitung vom 13.02.2009, S. 21.

Kreie, Günther: Ortsheimatpflege in der Stadt Salzgitter. Salzgitter 1992, S. 90-91.

Lange, Horst-Günther: „Bürger und Bauern – Arbeiter und Musikanten. Leben und Arbeitswelt im Salzgittergebiet vom 16. bis Anfang des 20. Jahrhunderts". In: Benz, Wolfgang unter Mitarbeit von Jörg Leuschner, Gudrun Pischke und Astrid Voß (Hrsg.): Salzgitter. Geschichte und Gegenwart einer deutschen Stadt 1942-1992. München 1992, S. 647-666.

Langels, Otto: „Vor 100 Jahren starb der preußische Generalfeldmarschall Alfred Graf von Schlieffen". In: Deutschlandfunk: „Macht mir den rechten Flügel stark!" URL: http://www.deutschlandfunk.de/macht-mir-den-rechten-fluegel-stark.871.de.html?dram:article_id=232443. Abgerufen am 18.03.2017.

Laub, Gerhard: „Die Schlackenkugeln des Herzog Julius von Wolfenbüttel". In: Heimatbuch des Landkreises Wolfenbüttel. Wolfenbüttel 1976.

Lebendiges Museum Online: „Albert Leo Schlageter". URL: https://www.dhm.de/lemo/biografie/albert-schlageter. Abgerufen am 06.09.2017.

Leuschner, Jörg: Ortschaft Südost: Beinum, Ohlendorf, Flachstöckheim, Lobmachtersen und Barum in alten Bildern. Archiv der Stadt Salzgitter (Hrsg.), Salzgitter 1992.

Leuschner, Jörg; Reinhard Försterling, Sigrid Lux: Ortschaft Nord in alten Ansichten – Bruchmachtersen, Engelnstedt, Salder und Lebenstedt. Archiv der Stadt Salzgitter (Hrsg.): Beiträge zur Stadtgeschichte, Bd. 11. Salzgitter 1994.

Leuschner, Jörg; Reinhard Försterling, Renate Vanis, Christine Kellner-Depner, Walter Wimmer, Dirk Schaper: Ringelheim. Archiv der Stadt Salzgitter (Hrsg.): Beiträge zur Stadtgeschichte, Band 29. Salzgitter 2015.

Merian, Matthaeus (der Ältere): Topographia und Eigentliche Beschreibung Der Vornembsten Stäte, Schlösser auch anderer Plätze und Örter in den Hertzogthümer Braunschweig und Lüneburg und denen dazu gehörende Graffschafften Herrschafften und Landen. Frankfurt 1654.

Monumenta Germaniae Historica Diplomata Henrici Secundi: MGH DHII Nr. 479.

Naturatlas der Stadt Salzgitter. Faltblatt 2: Neuer Teich / Warne. Südliches Salzgitter Bad. Stadt Salzgitter (Hrsg.), um 2015.

Niedersächsisches Landesarchiv: Akten Kammer betr. Amt Gebhardshagen. Signatur: NLA WO 50 Neu 2 Gebh. Nowak, Werner: Salzgitter-Flachstöckheim. URL: http://www.werner-nowak.privat.t-online.de/1424811.htm. Abgerufen am 07.08.2017.

Pastor Abel: Chronik Sauingens. Sauingen 1776.

Paulus, Käthe: „Wie ich zum Fallschirmspringen kam". In: Winter, Siegfried (Hrsg.): Das große Fliegerbuch. Vom ersten Menschenflug zur Weltraumfahrt. Reutlingen 1955, S. 97-99.

Pischke, Gudrun: Europa arbeitet bei den Reichswerken. Das nationalsozialistische Lagersystem in Salzgitter. Salzgitter 1995, S. 28, 221-223, 225-227.

Plümer, Horst: Vortrag 500 Jahre Reformation. St. Marien in Engerode – Die Geschichte einer Wallfahrtskirche. Salzgitter 2017, S. 1-10.

Reß, Johann Heinrich: Ueber Benennung und Ursprung aller Örter des Herzogthums Braunschweig-Wolfenbüttel. Eine Untersuchung aus der ältesten Geschichte dieses Landes. Wolfenbüttel 1806.

Rue Romero, Dena; Vogel, B.: „Gretels Alben – Familie Kleeblatt aus Salder. Salzgitter 2013". URL: www.birdstage.net/pdf/gretels_albums.pdf. Abgerufen am 15.05.2017.

Salzgitteraner.de: „Der Garssenhof". URL:http://www.salzgitteraner.de/sehenswuerdigkeiten/der-garssenhof/. Abgerufen am 12.07.2017.

Salzgitteraner.de: „Der Ratskeller". URL: http://www.salzgitteraner.de/sehenswuerdigkeiten/der-ratskeller/. Abgerufen am 06.09.2017.

Salzgitter.de: „Der Salzgittersee. Sport – Freizeit – Erholung". URL: www. salzgitter.de. Abgerufen am 10.06.2017.

Salzgitter.de: „Deutscher Lawrence: Wilhelm Wassmuss". URL: https://www.salzgitter.de/rathaus/presse_news/archiv/2013/126010100000072491.php. Abgerufen am 16.06.2017.

Salzgitter.de: „Franzosenbrücke". URL: http://www.salzgitter.de/tourismus/sehenswertes/franzosenbruecke.php.

Abgerufen am 21.05.2017.

Salzgitter.de: „Gedenkstelen enthüllt". URL: https://www.salzgitter.de/rathaus/presse_news/2015/126010100000080132.php. Abgerufen am 23.06.2017.

Salzgitter.de: „Jagdstation der Neandertaler". URL: http://www.salzgitter.de/stadtleben/kultur/museum/kraehenriede.php. Abgerufen am 17.06.2017.

Salzgitter.de: „Kirche St. Maria Magdalena in Salder". URL: https://www.salzgitter.de/tourismus/sehenswertes/Schlosskirche_Salder.php. Abgerufen am 01.09.2017.

Salzgitter.de: „Naturatlas der Stadt Salzgitter". URL: http://www.salzgitter.de/rathaus/fachdienstuebersicht/umwelt/naturatlas.php. Abgerufen am 07.06.2017.

Salzgitter.de: „Übergabe Denkmal: Verhinderung der Demontage". URL: https://www.salzgitter.de/rathaus/oberbuergermeister/126010100000080151.php. Abgerufen am 23.06.2017.

Salzgitter.de: „Wandermusikanten (Klesmer)". URL: https://www.salzgitter.de/stadtleben/kultur/stadtgeschichte/wandermusikanten.php. Abgerufen am 20.06.2017.

Salzgitter Zeitung: „Nur Trommelfell war geplatzt". Zahlreiche Zeitzeugen wollen von den Luftangriffen auf Salzgitter berichten. Ausgabe vom 07.02.2004.

Schaper, Dirk: „Der Schlosspark". URL: https://www.bürgerverein-ringelheim.de/ringelheim-chronik/schlosspark/. Abgerufen am 05.08.2017.

Schmidt, Ernest Oswald: Deutschlands Schlachtfelder, enthaltend auf historische Wahrheit basierte und mit Zuziehung der besten deutschen und französischen Quellen bearbeitete Berichte über diejenigen Schlachten, die seit 1620 bis 1813 auf deutschem Grund und Boden Statt fanden. Leipzig 1842.

Schneider, Christian: Stadtgründung im Dritten Reich, Wolfsburg und Salzgitter. Ideologie, Ressortpolitik, Repräsentation. München 1979.

Schneider, Christian: „Stadt-Bau Salzgitter 1937-1990". In: Benz, Wolfgang ; Leuschner, J. (Hrsg.): Salzgitter – Geschichte und Gegenwart einer deutschen Stadt 1942-1992. München 1992.

Schroeter, Bernhard: Watenstedt – Das etwas andere Dorf in Salzgitter. Salzgitter, Selbstverlag 2006, S. 42-45.

Schulz, Vera: „Furt, Brückenbau und Heerstraße". In: Hohenrode. Acht Jahrhunderte Geschichte. Hrsg. vom Kirchenvorstand der Christuskirchengemeinde Gitter und Hohenrode in Salzgitter und von der Freiwilligen Feuerwehr Hohenrode. Leitung: Pfarrer Lothar Mischke. Salzgitter-Hohenrode 2001, S. 77-86.

Schürmann-Mock, Iris: Auf den Kirchhof wollt ich gehen. Ein Lesespaziergang über Friedhöfe. Hildesheim 2012, S. 4.

Schweiger, Valea: „Er pustet den Staub der Vergangenheit weg". In: Salzgitter Zeitung vom 05.05.2017.

Stadtarchiv Salzgitter und Dorfgemeinschaft Gitter (Hrsg.): Gitter – Zwölf Jahrhunderte Geschichte. Salzgitter 1996, S. 330-342, 393-394.

Städtisches Museum Schloss Salder: Mammut und andere Tiere der Eiszeit. Funde aus dem 17. und 19. Jahrhundert vom Thieder Lindenberg. Informationsblatt. Salzgitter, um 2014.

Vanis, Renate: Einblick in die Erdgeschichte – Von Urzeittieren, Mineralien und Gesteinen. Band 1.

Salzgitter 2003.

Waltershausen, Wolfgang Sartorius von: Gauß zum Gedächtniss. S. Hirzel, Leipzig 1856; Neuauflage Leipzig 2012.

Watsack, Carsten: Verkehrsbetriebe Peine-Salzgitter. Von den Anfängen bis zur Gegenwart. Ilsede 2003.

Wikimedia Commons: „Wetzrillen". URL: https://commons.wikimedia.org/wiki/Category:Medieval_church_portal_grooves?uselang=de. Abgerufen am 21.05.2017.

Wikipedia: „Bruchmachtersen". URL: https://de.wikipedia.org/wiki/Bruchmachtersen. Abgerufen am 21.05.2017.

Wikipedia: „Bürgerverein Ringelheim e. V.: Taubenturm". URL: https://www.bürgerverein-ringelheim.de/taubenturm/. Abgerufen am 28.05.2017.

Wikipedia: „Hermann Lattemann". URL: https://de.wikipedia.org/wiki/Hermann_Lattemann. Abgerufen am 10.09.2017.

Wikipedia: „Hohenrode (Salzgitter)". URL: https://de.wikipedia.org/wiki/Hohenrode_(Salzgitter). Abgerufen am 21.05.2017.

Wikipedia: „Käthe Paulus". URL: https://de.wikipedia.org/wiki/K%C3%A4the_Paulus Abgerufen am 10.09.2017.

Wikipedia: „Klesmer". URL: https://de.wikipedia.org/wiki/Klesmer. Abgerufen am 20.06.2017.

Wikipedia: „Kloster Ringelheim". URL: https://de.wikipedia.org/wiki/Kloster_Ringelheim. Abgerufen am 06.06.2017, 18.06.2017.

Wikipedia: „Ringelheim". URL: https://de.wikipedia.org/wiki/Ringelheim. Abgerufen am 28.05.2017.

Wikipedia: „Rübenburg". URL: https://de.wikipedia.org/wiki/R%C3%BCbenburg. Abgerufen am 03.08.2017.

Wikipedia: „Salzgitter-Lebenstedt (archäologischer Fundplatz)". URL: https://de.wikipedia.org/wiki/Salzgitter-Lebenstedt_(arch%C3%A4ologischer_Fundplatz). Abgerufen am 17.06.2017.

Wikipedia: „Schloss und Park Ringelheim". URL: https://de.wikipedia.org/wiki/Schloss_und_Park_Ringelheim. Abgerufen am 05.08.2017.

Wikipedia: „Thiede (Salzgitter)". URL: https://de.wikipedia.org/wiki/Thiede_(Salzgitter). Abgerufen am 25.05.2017.

Wikipedia: „Wassmuss". URL: https://de.wikipedia.org/wiki/Wilhelm_Wassmuss. Abgerufen am 15.07.2017.

Wikipedia: „Wetzrille". URL: https://de.wikipedia.org/wiki/Wetzrille. Abgerufen am 21.05.2017.

Wolff, Ursula: „Die Salzgitterschen Wandermusikanten". URL: http://www.die-klesmer.de/ursprung.html. Abgerufen am 20.06.2017.

Wolff, Ursula: „Der Vöppstedter Friedhof in Salzgitter Bad". In: Salzgitter-Jahrbuch. 1995/1996. Bd. 17/18. S. 102-132.

Zacharias, Elke: Ein Ort mit Geschichte. „Ausländerfriedhof" Jammertal in Salzgitter-Lebenstedt. Braunschweig 2006.

Zobel, Franz: Das Heimatbuch des Landkreises Goslar. Verlag der Goslarschen Zeitung Karl Krause, Goslar 1928.

Bildnachweis

S. 9: Maike Kandziora
S. 38 u. 39: Markus Schulze
S. 48: Rolf Czauderna

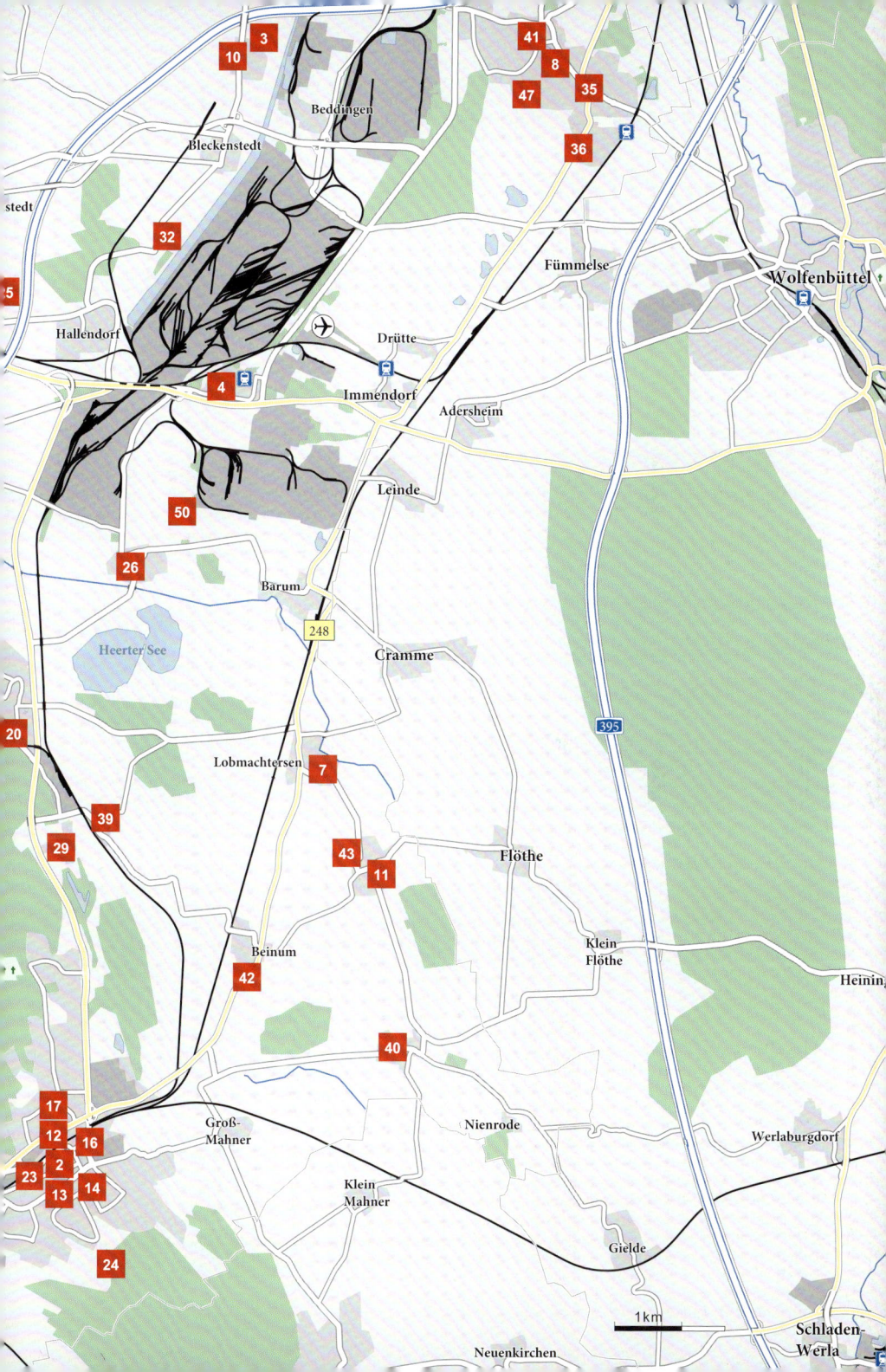

....

Hier gibt es sachkundige Informationen:

Arbeitskreis Stadtgeschichte e.V./
Gedenk- und Dokumentationsstätte
KZ Drütte
Die Gedenkstunde zur Erinnerung an
die Opfer und Überlebenden des
Nationalsozialismus im
Salzgittergebiet findet jährlich am 11.
April auf dem Appellplatz des
ehemaligen KZ Drütte statt.
Wehrstraße 29 (Vereinsbüro)
38226 Salzgitter
Telefon: 05341 / 44581
E-Mail
info@gedenkstaette-salzgitter.de
Homepage:
www.gedenkstaette-salzgitter.de
Öffnungszeiten: Die Gedenkstätte KZ
Drütte kann nur nach Voranmeldung
beim Arbeitskreis Stadtgeschichte e.V.
besichtigt werden. Ein öffentlicher
Zugang ohne Voranmeldung ist nur
am zweiten Samstag im Monat
zwischen 15 und 17 Uhr möglich.
Zugang über Tor 1 der Salzgitter AG,
Eisenhüttenstraße, 38239 Salzgitter

Bürgerverein Bad Salzgitter e.V.
Bohlweg 6
38259 Salzgitter-Bad
Telefon: 05341 / 32303
E-Mail: sievers@web-a.de
E-Mail: czsz@kabelmail.de
Homepage:
buergerverein-badsalzgitter.de

Dr. Uwe Klotz
Ortsheimatpfleger von Sauingen.
Quellenstraße 8
38239 Salzgitter
E-Mail: dr.uweklotz@t-online.de

Städtisches Museum Schloss Salder
Auf fast 5000 Quadratmetern
Ausstellungsfläche erwartet die
Besucher im Städtischen Museum
Schloss Salder Interessantes und
Spannendes aus der Erd- und
Menschheitsgeschichte sowie zur
Entwicklung eines landwirtschaftlich
geprägten Gebietes zum drittgrößten
Industriestandort Niedersachens.
Museumstraße 34
38229 Salzgitter
Homepage: www.salzgitter.de/
stadtleben/kultur/museum
Öffnungszeiten: Di.-Sa. 10-17 Uhr,
So. und Feiertage 11-17 Uhr

Peter Stübig
Führungen im Wasserturm
Lobmachtersen mit dem Schaltraum
im Erdgeschoss, dem Maschinenraum
im Kellergeschoss und bei Bedarf der
Ausstellung über die Geschichte des
Wasserturms.
Flachstöckheimer Straße 39
38259 Salzgitter
Telefon: 05341 / 91557
E-Mail: Stuebig@gmx.de

Tourist-Information Salzgitter
Die Tourist-Information Salzgitter ist
kompetenter Ansprechpartner für
Stadtrundgänge, Stadtrundfahrten
und (Werks-)Führungen aller Art.
Windmühlenbergstraße 20
38259 Salzgitter-Bad
Telefon: 05341 / 9009940
E-Mail: tourismus@wis-salzgitter.de
Homepage:
www.tourismus-salzgitter.de
Öffnungszeiten: Mo.-Do. 8.30-16 Uhr,
Fr. 8.30-12 Uhr

....

Publikationen:

Arbeitskreis Stadtgeschichte e.V.
(Hrsg.): Überdauert! Effekten –
Objekte – Erinnerungen. Begleitheft
zur Sonderausstellung. Salzgitter
2015.

Czauderna, Rolf: Salzgitter-Bad
gestern-Private Ansichten. Bilder und
Geschichten aus dem Salzgitter-Bad
vergangener Zeiten. Erhältlich in der
Buchhandlung Lesezeichen

Stadtarchiv Salzgitter: Salzgitter – 31
Stadtteile im Portrait. Die
Ortsheimatpflege 5 – Eine Reihe der
Ortsheimatpflege des Stadtarchivs
Salzgitter. Salzgitter 2017.

Stadt Salzgitter, Fachdienst Kultur:
Salder – Die Geschichte eines Dorfes
in Salzgitter. Beiträge zur
Stadtgeschichte, Band 25. Salzgitter
2011.

Zacharias, Elke: „Es war ein Zufall,
am Leben zu bleiben…". Eva Timar –
Eine Lebensgeschichte. Salzgitter
2014.

Zacharias, Elke: Ein Ort mit
Geschichte. „Ausländerfriedhof"
Jammertal in Salzgitter-Lebenstedt.
Braunschweig 2006.

Besuchen Sie uns im Internet: **www.bast-medien.de**

Haftungsausschluss

DIE

Geheimnisse der Heimat

GIBT ES JETZT NEU IN ...

Augsburg	Magdeburg
Braunschweig	Minden
Frankfurt	München (Band 2)
Köln	Salzgitter
Lübeck	Wolfsburg

Seit 2011 haben wir rund 40 „Geheimnisse"-Titel produziert. Alle Städte finden Sie unter www.bast-medien.de

---

DIE REIHE

Was die Stadt prägte

(EHEMALS „KALENDERBLÄTTER") GIBT ES IN ...

Bamberg	München
Konstanz	Würzburg

52 große und kleine Begegnungen mit der Stadtgeschichte, passend zu den Kalenderwochen

WEITERE GEHEIMNISSE, KALENDERBLÄTTER UND NEUE BUCHREIHEN SIND IN PRODUKTION

DIE

Geheimnisse

GIBT ES AUCH ÜBER ...

Erfindungen	Redewendungen

50 spannende Geschichten zu überregionalen Themen